10代からの情報キャッチボール入門

使えるメディア・リテラシー

下村健一
Shimomura Kenichi

岩波書店

平成二八年度　児童福祉文化賞推薦作品

CONTENTS

第4章

装丁・イラスト　奥定泰之

はじめに――人類滅亡を知らせるLINE

「今年の12月に人類滅亡だって！」

ある晩、君のLINE（ライン）に、仲良しのA君からいきなりこんなメッセージが飛び込んできた。青ざめた深刻そうな顔のスタンプが、絶望感をあおる。さぁ、君はどうする？　とりあえず、A君に返信して確かめよう。

「え？　ホント？」

「知らないの？　みんな言ってるよ」

まさかぁ。でもちょっと気になった君は、念のため、インターネットで検索《けんさく》してみる。

「人類」「滅亡」……。うわ、一五九万件ヒット！　ほんとだ、《みんな》話題にしてる！

ネット画面には、いろんな情報が一気に並んだ。その中の「巨大隕石《いんせき》」という言葉が目に留まり、君はハッとする。――あ、そういえば少し前、ロシアに巨大隕石が降ってきたというニュースを見たな。これは、ただのデマじゃないぞ。そう思い出した君は、急いで今度は「ロシア」「巨大隕石」というキーワードで検索する。たちまち、そのニュースを伝えるサイトや、隕石が落ちてきた時の映像などが一三万件も並んだ。

「二〇一三年二月一五日朝、ロシア中部のウラル地方チェリャビンスク州に巨大隕石が落下。一二〇〇人の負傷者が出る大惨事となった……」

近頃のインターネットはどんどん親切になっていて、こちらが頼んでいなくても、今調べている話と関係のありそうな別のニュースまで、イモヅル式に画面に現れる。

「二〇一四年七月、シベリア北部で、直径六〇メートルを超える巨大な穴が次々と見つかりました。原因はわからず、謎は深まるばかり……」

君の不安も、深まるばかり。別のサイトは、「異常気象」などの自然災害が人類滅亡の予兆だと力説している。東日本大震災、相次ぐ火山の噴火、集中豪雨……。

「昨夏(二〇一三年)、日本各地で「これまで経験したことのないような」集中豪雨が発生し、日最高気温の国内最高記録が更新されました。他方、この冬(二〇一四年)は関東甲信地方を中心に記録的な大雪に見舞われました」(国立環境研究所・地球環境研究センターのホームページ「この異常気象は地球温暖化が原因?」)

なんと、国の機関まで異変を認めているじゃないか。でも、テレビでは一二月に人類滅亡なんて、一言も伝えていない。……待てよ、マスコミは知っていて隠しているのかもしれないぞ。パニックが起きないように、国から口止めされているのでは?

A君のLINEの言葉に、「え? ホント?」と最初は乗らなかった君。でも、インターネットで調べるうちに、徐々に気持ちは変わってきた。

「もしかしたら……」

さぁ、どうしよう。きっとA君も君をだまそうとしたんじゃなくて、君が好きだから、知らせてきてくれたんじゃないかな。君にも、大切な家族や友人がいる。大切な人に、こんな重大な話を伝えなくていいんだろうか。まだ一〇〇パーセント確信はできないけど、一応、知らせておいた方がいいんじゃないかな。

「今年の12月に人類滅亡だって！」

——やっぱり君も、ＬＩＮＥにこのメッセージを打ちこんで、友だちに流す？

でも、ちょっと待って。そのメッセージを流すかどうか決めるのは、この本を読んでからにしてみよう。この本の最後に、私はもう一度君に、今と同じ質問をしてみるから。

あ、本論に入る前に、自己紹介をしておこう。実は私は、かつて二〇年以上にわたってテレビ局でニュース番組のキャスターなどを務め、いろいろな人のインタビューや、事件・事故の現場の取材などをして、そこで得た情報を視聴者の皆さんに伝える仕事をしてきた人間なんだ。はたしてそんな私は、「人類滅亡」という重大な情報をつかんでいながら君に隠している「悪の一味」なんだろうか？　その疑惑も、この本でリアルな事例Ａ〜Ｚを読み進むうちに、スッキリ解けていくだろう。

まずは、君の日常についての、とても身近な四つのおたずねから——。

第
1
章

ネット時代の情報キャッチボール

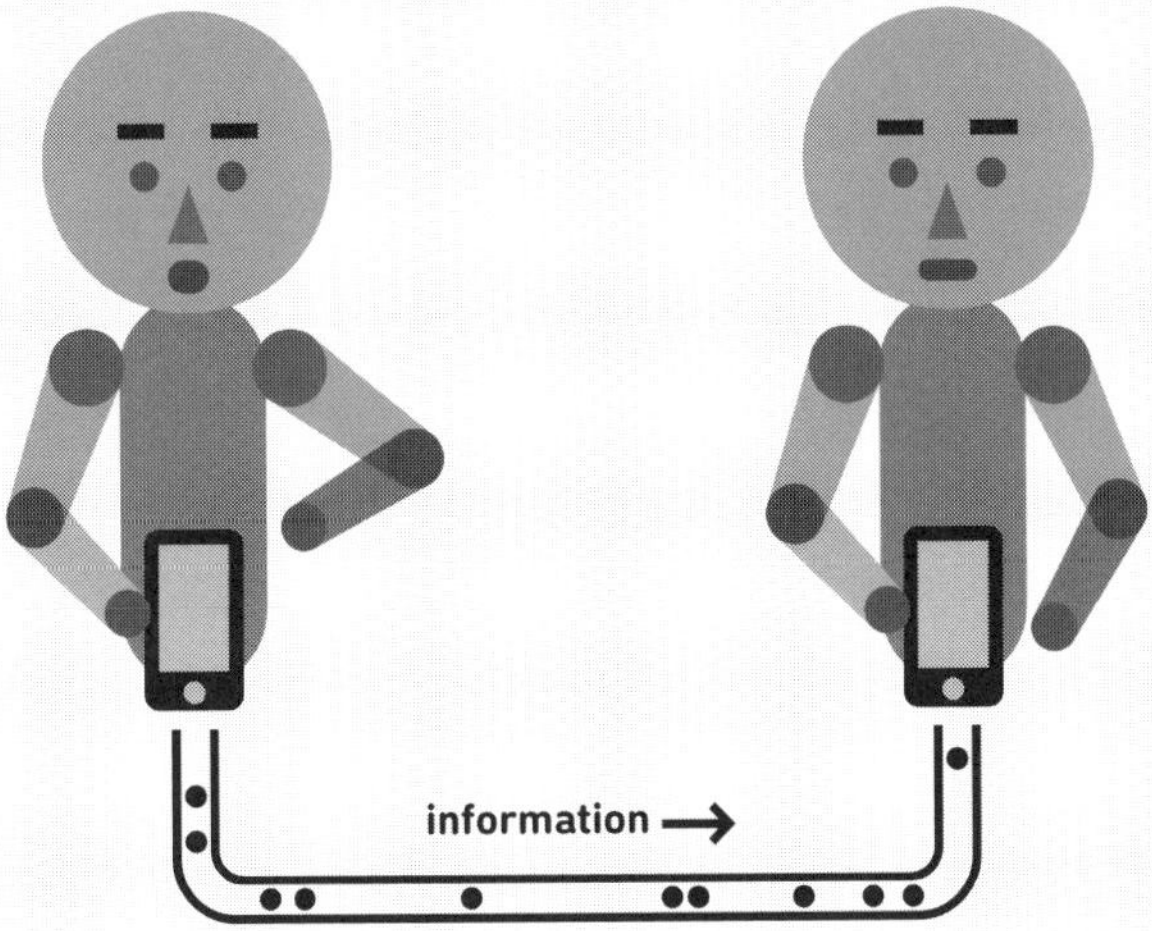

一日で一番、時間を費やしているのは?

では、さっそく質問。

【問1】 君は、一日の中で、食事をすることにどれぐらいの時間を使っている?

朝食、昼食、晩ごはん、人によってはおやつや夜食の時間もあるかもしれない。それらを全部足すと、一日で何時間ぐらいになるかな。平均的な日を振り返って、ここに答を書き込んでみよう。

約　　時間　　分

書けたら、次の質問。

【問2】君は、一日の中で、道を歩くこと(移動)にどれぐらいの時間を使っている?

朝、家を出てから学校に着くまでの時間。放課後、校門を出てから帰宅するまでの時間。それから遊びや塾、買い物に行く時、目的地に着くまでの時間と、そこからまた家に帰り着くまでの時間。もし徒歩だけでなく、自転車やバス、電車も毎日使っているなら、それらもすべて「移動」の時間として足し算して、また答を書き込もう。

約	時間	分

じゃあ、今度はこんな質問。

【問3】君は、一日の中で、メディアと接することにどれぐらいの時間を使っている?

テレビや雑誌、新聞、本、そしてインターネット。こうした道具を使って、君は毎日、世の中の情報を受け取ったり、友だちと情報をやり取りしたりしている。こうした《情報のキャッチボール》に使う道具のことを、「メディア」というんだ。だから、教室の掲示板を見たり、スマホをいじっている時間の多くも、メディアに接している時間に含まれるね。

そうした時間を、大ざっぱに合計してみよう。これはけっこう、一日の中で回数がたくさんあって、足すのが大変かもしれない。近頃は、「通学バスの中で毎日スマホ」なんていう人も多いから、【問2】と【問3】の時間はダブってきている。いったい、どこまで増えるんだろう。

約　時間　分

さぁ、【問1】〜【問3】の答が出そろったところで、一番、時間が長かったのはどれかな？

実は、私は一〇年以上、いろいろな中学・高校・大学で、この質問を生徒・学生の皆にたずねているんだ。その答は、今のところただの一回の例外もなく、すべて同じ。そう、一番長いのは、メディアに接している時間なんだね。君の場合も、そうだったんじゃないかな。私が学校で訊《き》いた中では、「毎日八時間以上」と答えた子もいた。

参考までに、政府が出している『青少年白書(二〇〇八年版)』という報告書も見てみよう。携帯電話や自宅のパソコンによるインターネット(メールを含む)を平日一日に利用する時間は、小学生で平均五五分。テレビの視聴時間は一六一分で、両方を単純に足すと二一六分、約三時間半。同じく、中学生が一二五分と一六五分で合計二九〇分、高校生が一六六分と一七六分で合計三四二分、という調査結果になっている。

一日三四二分、つまり五時間四二分！ まだスマホが普及《ふきゅう》し始める前の調査でこの数字だから、今はもっと時間が延びているだろう。こんなに食べたり歩いたりしている人は、めったにいないよね。ほとんどの一〇代は、食事より移動より、メディアを通じた情報キャッチボールに、青春の時間をつぎこんでいるんだね。

一番、教わったことがないものは？

それでは、もう一問だけ。実は、これが一番たずねたかった質問なんだ。

【問4】君は、次のことを誰かに教わったことがある？　あるなら、(ア)〜(ウ)の記号に○印をつけよう。

(ア)　食事の仕方……「よくかめ」「好き嫌いするな」など
(イ)　道の歩き方……「飛び出すな」「左右を見よ」など
(ウ)　メディアとの接し方……「情報の受け止め方」「正しい発し方」など

さて、どうだったろう。(ア)と(イ)には、君は確実に○を付けたでしょう。これは、どこの学校でたずねても、必ずほぼ全員が手を挙げる。ところが、(ウ)に○を付ける子は、全然いないか、いても教室に数人だ。「テレビは離れて見よう」とか「ネットは一日何時間」といったルールを親や先生から言いつけられている子は少なくないけれど、ちゃんと情報キャッチボールの仕方を教わったことのある子は、本当にわずかだ。

これを、さっきの**【問1〜3】**の結果と合わせてみよう。——そう、なんと一日の中で一番長く時間を費やしているのに、一番接し方を教わっていないのが、メディアなんだ。

「それがどうしたの？　そんなの教わってなくても別にいいじゃない」と君は思うかもしれない。確かに、食事がとれなかったら飢《う》え死にしてしまうし、道が歩けなかったら外の世界とつながれない。それに比べてメディアは、別に接し方なんて特に知らなくても、情報は勝手に流れ込んで来るから大丈夫。自分からの発信だって、どうせ友だちしか見てないから大丈夫。現に、毎日こんなに使ってて、何も不自由していないから。

——ちょっと待って、それは本当かな？　君は、「不自由していない」と思い込んでいるだけじゃないのかな？

メディアは、自己流の付き合い方で君が不自由なく使いこなせるほど、生やさしい相手ではない。情報をボールにたとえれば、二〇世紀までは、君に向かって飛んで来るボールの数は限られていたし、君が投げられるボールの範囲も狭《せま》かった。ところが、インターネットがものすごい勢いで発達している今は、四方八方から君に向かって数えきれないほどボールが飛んで来る。君がヒョイッと投げたボールも、いきなり普段の友だちの輪を突きぬけて、自分でも信じられないくらいのスピードではるか彼方《かなた》に飛んでいったりする。だから情報キャッチボールには、実は特別なトレーニングが必要なんだ。

まずは、こんな実例から見てみよう。ある現職(当時)の市会議員さんがブログに書いて広めた、私・下村健一のショッキングな〝正体〟とは……。

ある市議のブログに書かれた下村の「正体」

二〇〇九年五月二三日朝、私は当時出演していたTBSの「みのもんたのサタデーずばッと」という番組で、性犯罪被害者《せいはんざいひがいしゃ》の裁判問題についてリポートした。それをテレビで観《み》ていたある地方の市会議員さんが、放送の一時間後、自分のブログにこんな書き込みをした(以下、傍線《ぼうせん》は下村が引いたもの)。

事例A-1 市議本人による書き込み(二〇〇九年五月二三日)

今朝「朝ズバ」で、下村健一フリージャーナリストが切り込んでいました。(中略)下村氏は私と同年代で東大卒の、悪に対してひるまない尊敬できるジャーナリスト①なのですが、どうも私の頭の中では、確かまだ下村氏が二〇代の頃だったと思うのですが、ここで書けないような②破廉恥《はれんち》事件(当時週刊誌で大騒ぎ)を起こし愛人に訴えられてTVから忽然《こつぜん》と姿を消し、長期謹慎《きんしん》処分(配置転換)をうけていたイメージ③が、フラッシュバックするのです。ネットで調べても、数年前までは2ちゃんねるで見つかりましたが、今はきれいに消されたのか検索《けんさく》しても出てきません。④性犯罪に近いような謹慎事件を起こしたジャーナリストが、性犯罪事件に切り込んでも、私にはピンと来ないのです。これももう時効なのでしょうか?⑤

――これは大変！　そんな事件を起こした下村健一に、岩波書店はこの本を書かせてしまって大丈夫なの？　……といきなり信じ込む前に、まず、こういう初耳の情報に出会ったら、いくつかのチェックを行おう。インターネットは便利な〝情報の入口〟だけれど、いい加減な噂話《うわさばなし》もたくさん並んでいる。君だったら、どこに気を付けるかな？

【発信者チェック】――誰が書いているか

これが、一番基本的なチェックポイント。君は、通りすがりの見知らぬ人にいきなり「明日大地震が来るから、今すぐ逃げた方がいい」と言われても、それだけでは逃げないよね。インターネットだって、それと同じだ。コンピューター画面に活字体で並んでいると、つい本当らしく見えてしまうけれど、匿名《とくめい》だったり、名前はあるけど何者だかわからない書き方だったら、それは〝通りすがりの見知らぬ人〟だ。そのまま信じてはいけない。

でも、このブログを書いた人はきちんと実名を掲載しているし、しかもれっきとした現職の政治家だ。自分自身の信用を失ってはまずいから、でたらめなんか書くはずがない、と君は考えるだろう。第一チェックポイント、クリア。やっぱり下村は、破廉恥事件の前科者なのか……？　いやいや、もうちょっと確かめよう。

【立場チェック】──どういう立ち位置からの発言か

何者かが不明でも、文面を見ればだいたい、立場は読み取れる。たとえば、「あの店のケーキはおいしい」という情報を、お客さんが書いていてたらちょっと参考にするけれど、そこの店員さんが書いてたら、ただの宣伝か、と思うでしょう。そういう風に、発信者の立場によって、私たちは自然に「信じ具合」を変えているんだよね。

そこに注意してこのブログを見ると、どうだろう。傍線①で、筆者《ひっしゃ》は下村のことをとてもほめている。もしここに「下村は私の大嫌いなヤツで……」と書いてあれば、その後に続く否定的な情報も、「嫌いな下村の評判を落とすために、悪意でデマを流したり、悪口を誇張《こちょう》してるのかもしれないな」と読者は《意図》をちょっと警戒《けいかい》する。でも、この議員さんは、下村を「尊敬できる」と書いている(本当に下村がそんなに立派《りっぱ》なヤツか、というのは別問題として)。いわば下村ファンの立場の人が、下村をデタラメで陥《おとし》いれようとする《意図》を持つはずはない、と君は思うよね。第二チェックポイント、クリア。

やっぱり、「破廉恥」事件は本当なのか。

【詳《くわ》しさチェック】――具体性があるか

細部の描写《びょうしゃ》なしに、ただ「○○らしいよ」と結論だけをポンと投げ出してあるような話は、そのまま信じてはいけない。このブログは、いったいどんな「破廉恥」なことをしたのか、肝心《かんじん》の事件の内容がまったく書かれていないから、普通なら「かなり怪《あや》しい」と受け止められるところだ。

でもこの市議さんは、事件内容の代わりに傍線②「ここで書けないような」という表現を使っている。すると君は、「書いてないから怪しい」ではなく、「そうか、書けないほどヒドい内容なのか」と受け止めることも可能になる。「この議員さんは、ちゃんと節度をもって控《ひか》えめに書いてて、偉《えら》いな」と書き手への信頼感を高めるかもしれない。

【裏付けチェック】――他の所からも同様の情報が出ているか

これを報道の世界では、「裏を取る」という。何か不確かな情報が飛び込んでくると、報道局のデスクは必ず担当記者に、「この話、ちゃんと裏は取ったか?」とたずねる。それにちゃんと答えられなければ、記事には採《と》り上げてもらえない。

本職《ほんしょく》の報道人なら、ここから現場や関係者の所を直接訪ね歩いて〝裏を取って〟回るけれど、君はなかなかそこまで時間やエネルギーは注《そそ》げない。じゃあ、どうする? とりあえず手近な裏取り方法として、キーワード検索をしてみようか。この文中に出てくる手掛《てが》かりになりそうな単語を、いくつか並べる。「下村健一」「破廉恥」「週刊誌」「愛人」「謹慎」……これで探して、この議員さんとはまったくつながりのない人や複数の報道機関が同様に下村破廉恥事件を採り上げていれば、話の確度はグッと高まる(ここで大切なのは、情報源が異なることだ。たとえ同様の記述が五〇件見つかっても、その五〇人が皆この議員ブログをネタ元にしていたら、それは「一件」と同じことだから)。

ところが、こうして検索してみても、このブログ以外には、下村破廉恥事件は一件もヒットしない。「なんだ、デタラメかぁ」と思いきや、傍線④にこう書いてある。「今はきれいに消されたのか検索しても出てきません」。これを見てドキッとして、君の検索結果の受け止め方は反転する。「ホントだ、一件も出てこないや!」

——あれ?「デタラメかぁ」が「ホントだ」に劇的に変わってしまった。議員さんの文の信用度がまた上がり、一方、下村の印象は「ネット情報のもみ消し工作まで裏でやってるヤツなのか」と一段と悪化する。

こうして数々のチェックをクリアして、下村破廉恥事件説がじわじわリアルに感じられてきたところで、とどめの傍線⑤の問いかけが君を揺さぶる。「もう時効なのでしょうか?」もしこの締《し》めくくりが、「たとえ法的には時効で逃げ切ったつもりでも、下村の倫理的責任は永久に消えません!」といったカッカと熱い演説調だったら、逆に君は少し気持ちが引くかもしれないよね。でも、こういう風に冷静に問いかけられて終わると、読後感はどうだろう。「このまま、なかったことにしていいのか？」という正義感が、君の心に点火しないかな。

さて、それではここで君に質問。結局、正解はどちらなんだろう(もちろん私は本人だから答を知っているけれど、まだここでは明かさない)。

やはり今この本を平然と書いている下村は、かつてひどい破廉恥事件を起こしたのかな？　それとも、この下村ファンの議員が、自ら実名で嘘《うそ》を書いているのかな？

どっちがホント？　読者と市議のエスカレート

このブログが掲載されてから、一週間後。同じブログのコメント欄《らん》に、読者のAさんから、次のような投稿が書き込まれた。

事例A-2 市議のブログのコメント欄への投稿（二〇〇九年五月三〇日）

こんにちは。「サタデーずばッと！」私も見ました。下村さんは好きなジャーナリスト⑥なのですが、私は彼が「ここで書けないような破廉恥事件」を起こしたという記憶はありません。

ＴＢＳで毎週ラジオ番組を切れ目なく続けていた下村さん⑦に「謹慎処分を受けた」時期は見つけられません。（中略）根も葉もない噂⑧で「破廉恥事件を起こした」と決め付けられてブログに書かれてしまっては、下村さんの信用はどうなるのでしょうか？

おっと、議員さんの書き込みへの、真正面からの反論だ。コロッと一転して「なんだ、デタラメだったのか」と、あっさり読者Ａさんの情報を信じる前に、またさっきと同じチェックをしてみよう。

【発信者チェック】――Ａさんは匿名。職業も何もわからない。市議であることを明かしているこのブログの主に比べると、信用度はかなり低いな。

【立場チェック】――傍線⑥「下村が好き」と言っているから、市議と立場は同じ。となると、好きだから下村をかばって嘘を書いている可能性もあるな。好きなのにイヤな過去を指摘した市議の文の方が、信じやすいかも。

【詳しさチェック】――市議の言う「長期謹慎処分」をただ「そんなことありません」と否定するのでなく、傍線⑦「番組を切れ目なく続けていた」という情報を出しているのは、詳しいな。でも、Aさんが言っているだけでは、証拠がないな。

【裏付けチェック】――下村が番組を切れ目なく続けていたかどうか、TBSのホームページで全番組の出演者名を丹念に調べていけば、〝裏が取れる〟かな。でも、終了した番組の記録まで、そんなに詳しく残ってないよな……。

さあ、君に再び質問。この投稿を読んだ今、君はどちらの人が本当のことを言っていると考えるかな。市議さん？　それとも、読者Aさん？

――と、君が頭を抱える暇もなく、実はすぐさま同日、市議さんは再反論の書き込みをした。その引き金を引いたのは、おそらく読者Aさんの傍線⑧「根も葉もない噂」という強烈な一言だった。現職の政治家として、自身の発言をこのように完全否定されたまま黙《だま》っていては、今度は自分の信用性に傷が付く。インターネットの世界でよく発生する《売り言葉に買い言葉》のエスカレートが、ここでスイッチ・オンになってしまった。

市議さんの言葉は、一回目の時よりも一気に過熱する。

事例A-3　市議本人による第二の書き込み（二〇〇九年五月三〇日）

ご意見ありがとうございます。私も同世代の有能なジャーナリストとして今でも尊敬しています。

ただ、残念ながら⑨私の書いたことは事実です。当時週刊誌各紙やメディアで大々的に報じられ、私も信頼していた方だけに大変ショックを⑩受けました。鮮明《せんめい》な記憶⑪があるので、間違いありません。⑫

…………………………………

ただ、私生活のスキャンダルな部分なので、ジャーナリストとしての資質の問題と切り離して、悪にひるまないスクープ重視の勇気ある切り込みを応援する立場として、⑬本人のマイナスイメージにつながる表現は削除《さくじょ》いたします。⑭

…………………

今回もまた市議さんは、下村を評価しているという立場を冒頭であらためて明示した上で、傍線⑨「残念ながら」というスタンスで話を切り出している。批判者が勢い込んで叫ぶのではなく、支持者が〝残念ながら〟書く、と言われれば、(それ自体に何の根拠の提示もないけれど)読者は何となく信ぴょう性を感じてしまう。

その上で、一回目のブログでは傍線③「イメージ」(13ページ)と書いていたのが、今回は傍線⑪「鮮明な記憶」、⑫「間違いありません」と、完全に断定の口調にヒートアップ。そこまで言うのなら、本当なんだろうな……と気《け》おされる。君も、スマホやパソコンでインターネットを介した情報キャッチボールをする時には、当初の控えめな言葉が、いつの間にか〝自己炎上《えんじょう》〟していかないように、十分気をつけよう。

こうして断言しておいて、最後に一転して市議さんは、また傍線⑬「応援する立場」を強調し、書き込みを「取り消し」ではなく⑭「削除」する、と表明して締めくくっている。削除と聞いて、頭の回転の速い読者は、傍線④(13ページ)を思い出すだろう。あ、こうしてまた「きれいに消された」のか、と。

実はこのブログの話を、私は時々、高校や大学の授業の中でも紹介し、真相はどちらと思うか、君にたずねたのと同じように、生徒・学生たちに質問しているんだ。するとたいていの場合、さっきのA-2までの段階では、「下村は破廉恥事件は起こしていないと思う」の人の方が若干《じゃっかん》多い(教室で目の前に本人がいるんだから、そりゃ遠慮もするよね)。ところが、このA-3の断言を聞くと、皆の判断はかなりグラつき、ときには「事件を起こした」の方が多数派に逆転することもある。君は、どう思うかな?

――では、そろそろ正解を明かそう。

「自分でもわからない」「本当に恐ろしい」

私には、この「破廉恥事件」というのは、まったく身に覚《おぼ》えがない。だから、このブログの存在に気付いた友人が私に知らせて来てくれた時、本当にびっくり仰天《ぎょうてん》した。でも、読めば読むほど、この市議さんには《悪意》はなさそうだ。ただシンプルに、「あんな事件を起こした男が、ぬけぬけと性犯罪のリポートをしていいのか！」という正義感に燃えているように見える。ということは、自作のデマをバラまいているわけではなく、何か勘違《かんちが》いをした〝火元〟があるに違いない。

う〜む、と考えめぐらして、ついにアッと思い当たった。もうだいぶ前だが、私と同年代のジャーナリストで、ある有名なニュース番組のコメンテーターを務めていた人が、某週刊誌に突然「愛人」の手記と称するものを書き立てられ、それが事実かどうかは知らないけれど、とにかくそのせいで番組から姿を消したことがあったんだ。

そこで、私はこの市議さん宛てに、「もしや、○○さん（実際のメールでは実名）の騒動と勘違いされていませんか」と丁寧なメールを出した（ここでポイントなのは、《相手と同じ土俵に乗らない》こと！　つまり、読者Aさんが反論を載《の》せた公開の「コメント欄」ではなく、市議さん本人しか見ない私信のメールを送ることが大切だ。市議のブログ自体＝同じ土俵に私が登場して「違います」なんて反論したら、「下村キタ――――！」とお祭り騒ぎになっちゃうからね。「この下村は本物か？」という探《さぐ》り合いとか、それをおもしろがって「いや、私こそ本物の下村です。実は破廉恥やりました」とまた別の人物のコメントが現れたりと、収拾《しゅうしゅう》がつかなくなるかもしれない）。

今も手元に送信履歴《りれき》が残っているこのメールを私が市議さんに送ったのは、夜中の○時三六分。そのすぐ翌朝、彼はブログにこんな文章を掲載した。

事例A-4　市議本人による第三の書き込み（二〇〇九年六月四日）

……あれから、気になって色々と詳しく調べていましたら、読者（A）さんのおっしゃる通りで、私の事実誤認《ごにん》⑮が判明しました。

同世代のジャーナリストで、週刊〇〇（実際のブログでは実名）にでかでかと愛人に暴露された別の方と、混同していたようなのです。「別の方」と言う表現⑯も、週刊誌の書かれた記事が正しいと言う確証がないからです。

なぜこのような思い違いをしてしまったのか自分でもわからない⑰のですが、思い込みというのは本当に恐ろしい⑱事だと思いました。政治を志す者にとって、まったく恥ずかしい限りです。

下村健一氏には多大なご迷惑《めいわく》をおかけいたしました事を、この場をお借りして心より反省し謝罪《しゃざい》⑲いたします。

やれやれ、ひと安心！　前回（A-3）の「削除」という表現と、今回の傍線⑮「事実誤認」では、意味合いが大きく異なる。市議さんは、潔《いさぎよ》く自分の間違いを認めた。その上で、勘違いの元となったジャーナリストの名前も、傍線⑯のように、伏せてくれた。

君にしっかり覚えておいてほしいのは、傍線⑰⑱の言葉だ。彼は、今回の自分のミスに、心底からの恐怖を感じた。一点の疑問もなく自信満々だった己《おのれ》の「鮮明な記憶」が、完全に人違いだったのだから、自分に裏切られたショックで茫然《ぼうぜん》とするのも当たり前。人間の記憶には、ときにこんなエラーが発生するのだ。「小学校の時、スカートめくりで叱《しか》られていたB君」の鮮《あざ》やかな思い出だって、実は「C君」のことだったかもしれないよ。どんなに間違いないと確信がある記憶でも、もし他人に《発信》するのなら、必ず念のため確かめてからにしよう。

謝っても越えられない、四つのハードル

さて、こうして市議さんは傍線⑲の通り「反省し謝罪」したけれど、これでめでたく一件落着《らくちゃく》と言ってよいのだろうか？　実はここに、インターネット特有の四つのハードルが立ちはだかるのだ。

【ハードル1】謝りはしたけれど……

この市議のブログA-4の謝罪文を、A-1やA-3を読んだ人が、全員漏《も》れなく読んでいるだろうか？　そんなこと、まずありえないよね。インターネットは、出入り自由だ。ブログは、製本された一冊のエッセイ集とは違う。各ページはバラバラで、A-3を持っていれば必ずA-4も手中にある、とはまったく限らない。だから、A-4を読まずに「下村＝破廉恥事件」という事実誤認のままで固定されてしまっている人たちも、少なからずいるに違いない。

そして、「いや、自分はちゃんとA-4まで読んで誤解は解けたよ」という人にも、次なるハードルが待っている。

【ハードル2】自分は誤解が解けたとしても……

ブログA-1やA-3をもし読んでいたとしたら、その時点で、君はこの話を友だちなどにフェイスブックやツイッターなどで広めなかっただろうか。「固いニュース番組で、いつもマジメくさった顔して偉そうにリポートしてる下村が、実は陰《かげ》で破廉恥してた」という話は、意外性があって、ネタとして面白《おもしろ》いもんね。知ったら黙ってないで、きっと「ねぇ、知ってる？　あの下村ってさぁ……」と、話題にしたくなるだろう。

問題は、その次だ。さて、今A-4を読んで「破廉恥事件」は誤報だったと知った君は、それを「あの話は誤報でした」と、ちゃんと君が話した相手全員に、漏れなく転送するだろうか。「な〜んだ、間違いだったのか」と自分が思うだけで、終わりにしちゃうことはないかな？　自分のフェイスブックに、誤報を広めてしまった責任を感じて、市議さんと同じ「下村健一氏には多大なご迷惑をおかけいたしました事を、この場をお借りして心より反省し謝罪いたします」という一文を載せるだろうか？

「もちろん、誤報を転送した以上、自分は訂正《ていせい》もちゃんと転送するよ」と君は答えてくれるかもしれない。するとその先にすぐ、第三のハードルが見えてくる。

【ハードル3】訂正を転送したとしても……

では、君から訂正を受け取った君の友人たちは、「な〜んだ、間違いだったのか」と自分が思うだけで、終わりにしちゃうことはないかな？　彼らだって、「このネタは面白い！」と思ったら、君同様に、また誤報を彼らの友人たちに広めていたに違いないよ

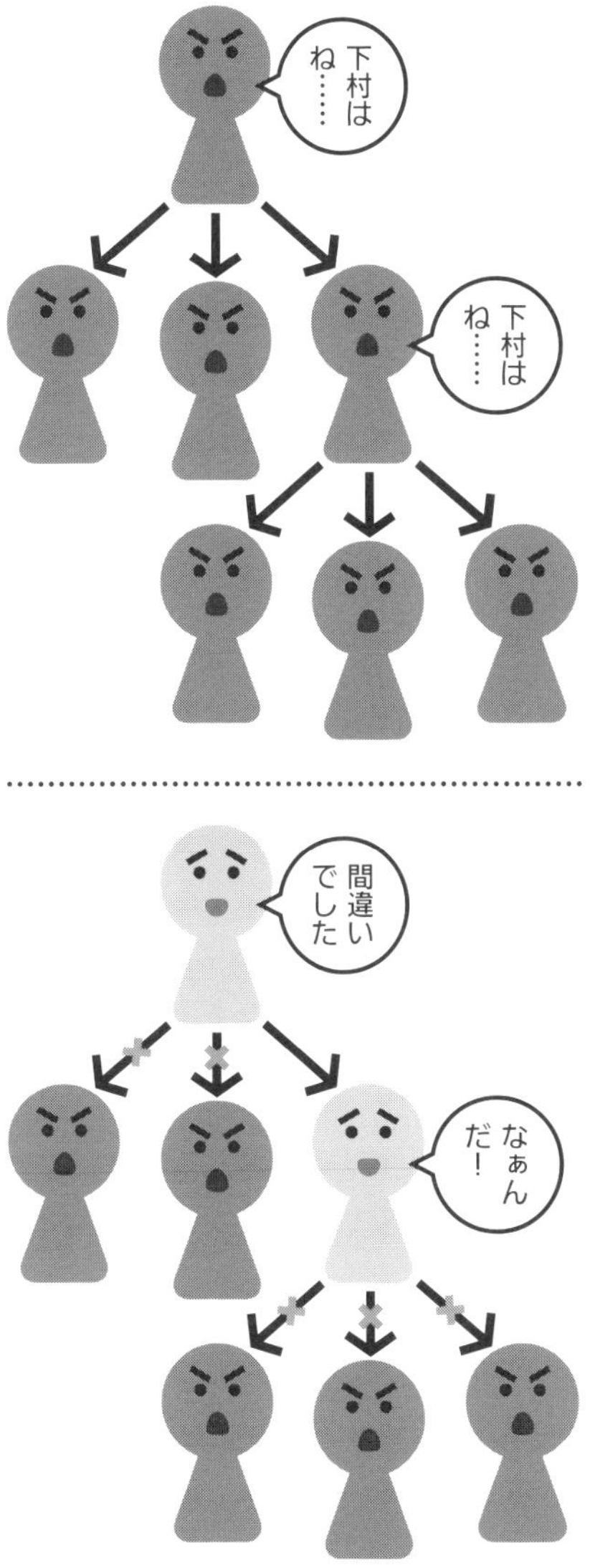

ね。その二次的に広まった先の人たちに、ちゃんと君からの訂正は漏れなく転送されるだろうか？　もしきちんと転送されたとしても、それを受け取った友人の友人は、三次的に広めた先の人たちに……以下同文、切りがない。インターネットの世界では、誤報の《空間的拡《ひろ》がり》には、終わりがないんだ。

『トム・ソーヤーの冒険』などを書いたアメリカの作家マーク・トウェインは、「真実が靴《くつ》を履《は》いている間に、嘘は世界を半周する」とかつて言ったけれど、今や、まさに訂正文が靴を履いている間に、誤報はネット界を駆《か》け巡《めぐ》る。しかもそうやって伝言ゲームのように拡散するうちには、情報に尾ひれがついて、「下村は性犯罪で逮捕《たいほ》歴がある」といった具合に、中身がエスカレートしていくことだって珍《めずら》しくない。

近ごろ、食品の安全管理体制は整備が進んで、生産・製造から消費者に至るまでの流通ルートがバーコードなどでたどれる「トレーサビリティ」(「追跡可能《ついせきかのう》」の意)というシステムもだんだん導入されてきている。それとの対比で言うならば、情報には完璧な「トレーサビリティ」は存在しないのだ。いったん発せられた誤報を漏れなくたどって、すべての受信者にくまなく訂正を届けることは、絶対に不可能なのだ。

だから、インターネット上に刻《きざ》まれた誤報を「タトゥー（刺青《いれずみ》）」と呼ぶ人もいる。いったん彫《ほ》り込まれた刻印《こくいん》は、もう消せないから。

で、さらにもう一つ、ハードルは残っている。今回紹介した市議さんのブログが書かれたのは、二〇〇九年。一見「過去の出来事」だが、実はそう甘くない。

【ハードル4】昔話だとしても……

当時このブログのA-3までを読んで誤解したままの人が、今、この本を書店で見つけて、久し振りに下村の名前を目にしたら、どうするだろう。「そういえば、この著《ちょ》者《しゃ》の下村って、昔さぁ……」と、LINEなどを使って再び破廉恥事件を話題にしないとも限らない。その度に、何年ものブランクを超えて、拡散は一瞬にして再スタートする。つまり、インターネットの世界では、誤報の《時間的拡がり》にも、終わりがないのだ。

ウィキペディアが伝える「下村健一」

もし君が、ある程度インターネット使いの達人だったら、ここまでの例を見て、こう言うかもしれないね。「いくら政治家とはいえ、ブログは一個人の書いたものでしょ？ そりゃ、間違いは起こるよ。そんなもの、僕は鵜呑《うの》みにしないから大丈夫」

では、次の例はどうだろう。この本を買う前に、「著者の下村って、どんな人間だろう？」とちょっと調べようと思ったら、君は何を使うかな。インターネットでウィキペディアを検索する？ なるほど、これは個人のブログじゃなくて辞書みたいな感じだから、信用できそうな気がするね。じゃあ、実際に見てみよう。

事例B　ウィキペディアの「下村健一」の項目（二〇一五年三月三〇日現在）

……自民党の中国向けODA利権①を取材していて、自民党議員②が札束《さつたば》を紙袋に入れて持ち歩いている映像をスクープ。下村が記者会見で小沢一郎にしつこく食い下がったため、小沢③が怒って途中で退席した。その後、金丸信《かねまるしん》宅に国税局査察《こくぜいきょくささつ》が入り家《か》宅捜索《たくそうさく》の結果、北朝鮮の刻印が押された金塊《きんかい》が発見され、中国や北朝鮮からの自民党旧竹下派に対する、資金の流動化が明確化されてきた④ところに番組は突如《とつじょ》⑤打ち切りとなった。

（一部抜粋／傍線は下村が引いたもの）

さて、右の長々と引いた傍線部分は何かと言うと――実は、先ほどのブログの「破廉恥事件」同様、完全に書き手が勘違いしている記述なのだ。今回も、〝火元〟らしきことは何点か思い当たる。たとえば、傍線②は党名を変えれば、傍線③は人名を変えれば、ここに書かれたような出来事は実在した。だが、肝心の党名と人名が違っては情報価値はゼロどころかマイナスだ。傍線⑤は「突如」でなく、普通に数カ月前の決定。傍線①に至っては私は一回も取材したことがないし、傍線④の話もさっぱり身に覚えがなく、これらはどこから湧《わ》いてきたのかわからない。

ウィキペディアというのは、皆が投稿で知識を持ち寄って段々に中身を充実させていく、成長し続ける百科事典の草稿《そうこう》だ。インターネットだからこそできる、素敵《すてき》なプロジェクトだと私も思う。でも、「皆の知識を持ち寄る」ということは、「皆の勘違いや誤解を持ち寄る」可能性だって、当然ある。そういう危《あや》うさの面でも、まさにインターネット時代らしい産物だ。

だから当然、私の記事だけではない。著名な人々に、ウィキペディアに載っている自身についての解説は正確か、とたずねてみると、「大ウソはないから別にいいけど、細かい所は違うよね」といった答が時々返って来る。実際、ウィキペディア自身の「よくある批判への回答」というページにも、「質の悪い記事に失望することは私たちにもあります。ただ、私たちは間違いを修正し、品質を高める方向に努力しています」と主催《しゅさい》者《しゃ》が明記している。僕らはウィキペディアを、無邪気《むじゃき》に鵜呑みにしてはいけないんだね。

「誰でも書き込めるんだから、自分についての記述に間違いを見つけたら、自分でその都度《つど》、直せばいいじゃないか」と、君は思うかもしれない。たしかに、ウィキペディアだけだったら、そして一〜二回だけだったら、それも可能かもしれない。でも、インターネット上にある自分の情報が間違っていないかいちいちチェックして修正して回るなんて、エンドレスにモグラ叩《たた》きゲームを続けるようなもんだ。著名な人たちは、そんなことに時間を注ぐために人生を送っているわけじゃない。多少の誤報は放《ほう》っておかれている可能性が十分にある、と思った方がいい。

まとめ 誰もが、情報の被害者・加害者に

さぁ、ここまでを振り返ろう。事例Aの市議さんのブログの文中には、チェックポイントをくぐり抜ける実に様々なトリックが潜《ひそ》んでいたが、何よりも恐ろしいのは、そのトリックに、わざと仕掛《しか》けられた物が一つもない、ということだった。書いた市議本人もまた、自分の勘違いにだまされていたという、いわば《悪意なきトリック》の数々。

事例Bのウィキペディアの下村解説を書いてくれた人も、全体のトーンは非常に好意

的だったから、おそらく自信満々に、悪意なくあの誤報を並べたのだろう。

今からこの本の中でたくさん実例を見ていくけれど、実は日々飛び交う情報の中には、このように、悪意がないのに受け手を間違った方に導いてしまう〝ミスリード〟情報が、山ほどある。悪意がないからこそ、ものすごくナチュラルで、こちらも乗せられやすい。要注意だ。

これは、君にとっても他人事ではない。**事例A**では、誤報の第一被害者は私＝下村、第一加害者はブログを書いた市会議員だったが、実は関係者ははるかに多い。もしブログを読んでだまされてしまったのなら、君も私に次ぐ第二被害者だ。そして、もしそれを広めて友人を結果的にだましてしまったのなら、君は市議に次ぐ**第二加害者**だ。

事例Bも同じ。ウィキペディアを見てだまされたなら、君はウソを書かれた下村に次ぐ第二被害者だ。もし君が下村をゲストに招く文化祭の実行委員で、プログラムのゲスト紹介欄にウィキペディアの文章を転載してしまったなら、君はそのプログラムを読む人たちすべてにウソを紹介してしまうことになるから、ウィキペディア自体に次ぐ**第**

二加害者だ。

また、〝第二被害〟と言っても、単に「間違った情報を植えつけられた」という程度にとどまるとは限らない。たとえば情報の内容が、「発熱で入院した○○市のAさんは、実は致死性《ちしせい》の極《きわ》めて高い新型感染症《かんせんしょう》だ！」という根拠のないデマだったとしよう。この場合、第一被害者はただの発熱なのに誤報された入院中のAさんだが、もしこれを聞いた君を含むたくさんの○○市民が日常生活をキャンセルして病院に殺到《さっとう》し大混乱に陥ったら、第二被害も極めて直接的で深刻だ。※

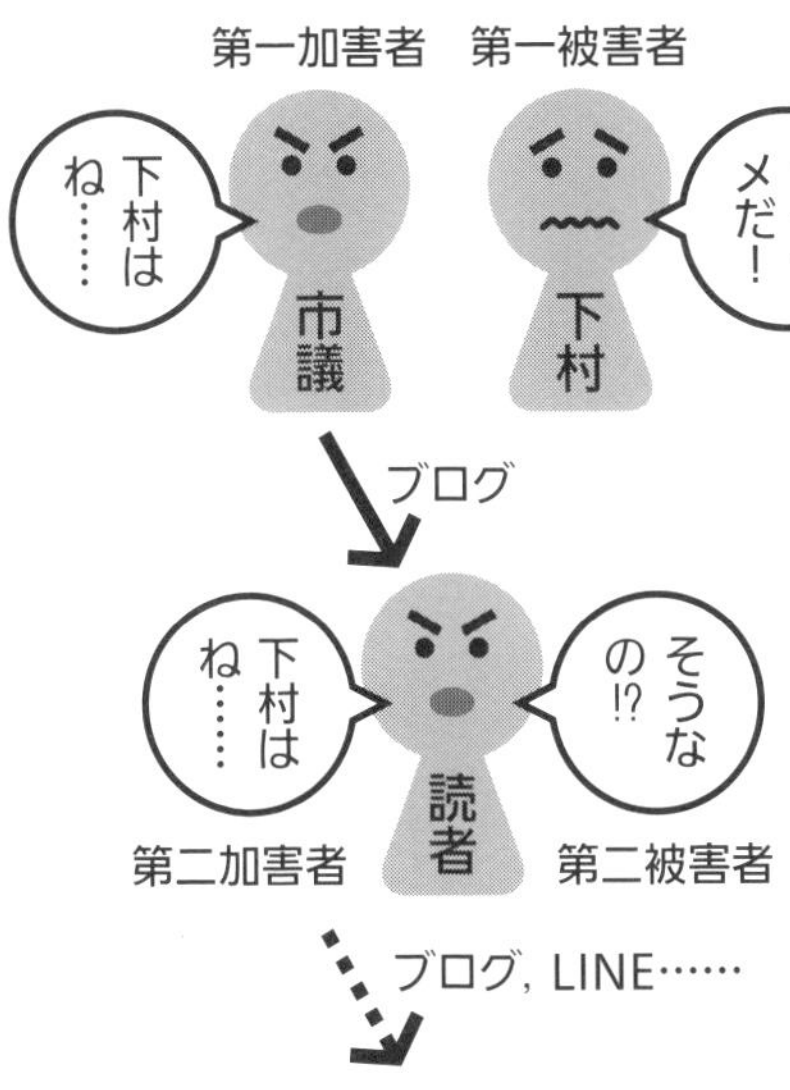

このように、インターネット上の情報キャッチボールでは誰もが容易に、しかも自分では気づかぬうちに、情報の被害

者にも加害者にもなってしまう。ここで一瞬、11ページを読み返そう。「メディアは、別に接し方なんて特に知らなくても大丈夫」——と、君はまだ言えるかな？

じゃあ、どうすればいいんだろう。「食事の仕方」や「道の歩き方」はわかるけど、「情報の受け止め方・発し方」って、いったい何？「真偽《しんぎ》をしっかり見極《みきわ》めましょう」なんて学校の先生に言われても、自分には先生みたいに知識がないから、聞いた情報がホントかウソかなんて、わからない……。

でも、ご心配なく。これから何か新しい情報に接する時には、第2章で紹介する**《四つのギモン》**をおまじないのように使おう。それだけで、君はもう知識がなくたって、その情報に踊《おど》らされることはなくなるから！

※一九三八年に米国で放送されたラジオドラマ「宇宙戦争」は、火星人侵略《しんりゃく》現場からの実況《じっきょう》中継という迫真《はくしん》の演出にだまされるリスナーが続出し、全国の警察などに問い合わせ電話が殺到、混乱を引き起こしたという。当時、ラジオはまだ社会に拡まり始めてから二〇年ほどの〝新興《しんこう》メディア〟だった。現在のインターネットと社会の付き合いも、それとほぼ同じ長さと言える。

第2章

情報をしっかり受け取るための4つのギモン

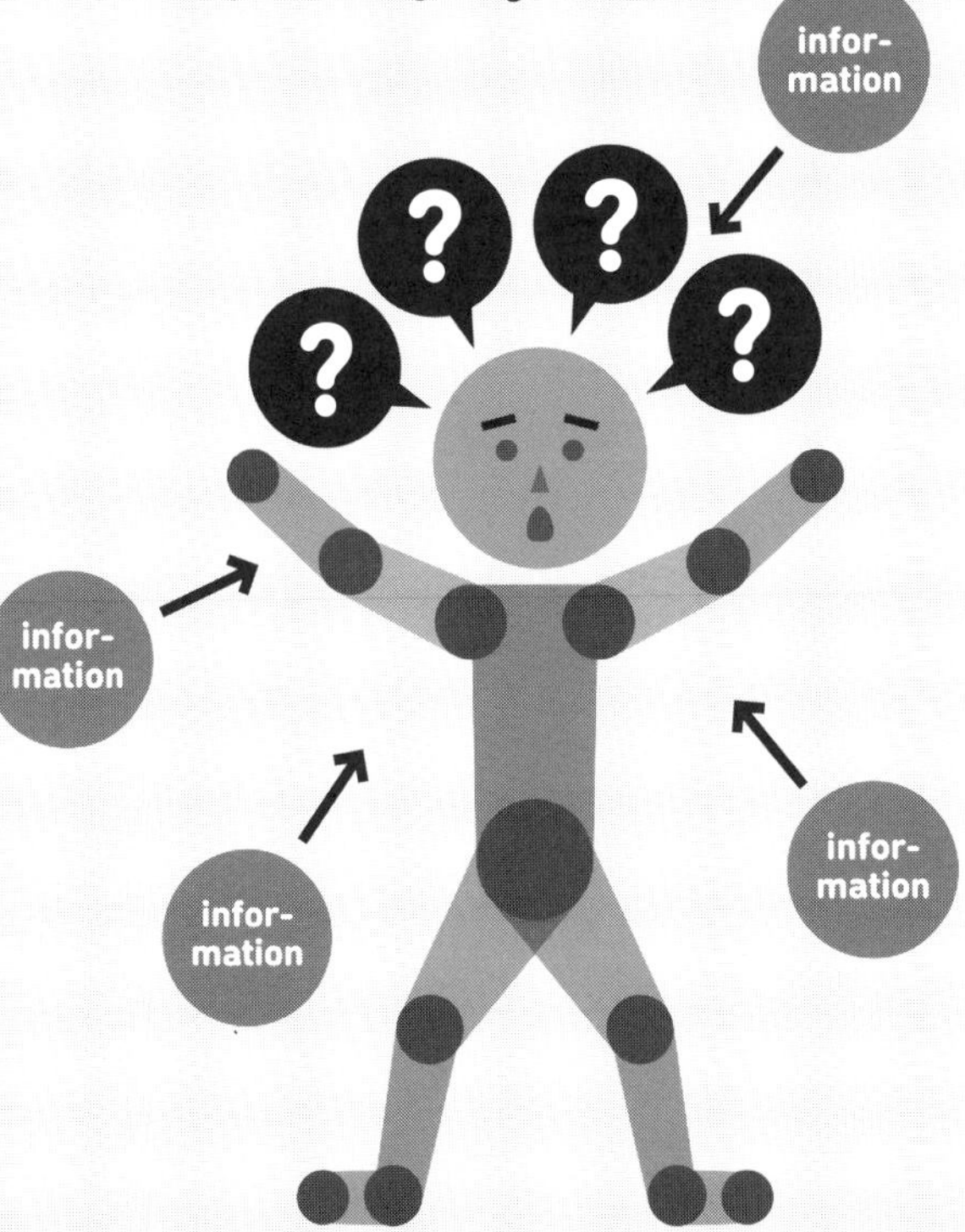

情報の、被害者にならない《賢《かしこ》い受け止め方》と、加害者にならない《正しい発し方》。まずこの章では、前者について「四つのギモン(疑問)」に整理して、いっしょに考えていこう。〈情報キャッチボール〉でたとえれば、ボール(情報)の《エラーしない捕《と》り方》の練習だ。

第1章の**事例A**で紹介したあの市議のブログをまんまと信じてしまう人と、そこで信じず踏《ふ》みとどまる人の間には、どんな違いがあるのだろう? 実は、後者の〝踊《おど》らない人〟たちは皆《みな》共通して、ある言葉を(本人は無意識でも)胸に抱いているのだ。それは、とてもシンプルで使える、左の見出しの言葉だ。

ギモン1 まだわからないよね?——結論を即断するな

なぁんだ、こんな当たり前のこと? と、拍子抜《ひょうしぬ》けしたかな。でも本当に、これは

「当たり前」の言葉だろうか。何か初耳の情報を聞いて「へぇ！」と思った時、君はいとも簡単にこの言葉を忘れ、やすやすと情報を信じてしまうことはないだろうか？

あの市議のブログで、数々の《悪意なきトリック》に引っ掛《か》かってしまった人は、結局は、信じるか否《いな》かの決定を急いだ人たちだ。**【発信者チェック】**と**【立場チェック】**をすり抜けたのはあのケースでは仕方ないけれど、たとえば**【詳《くわ》しさチェック】**で「ここで書けないような」とはぐらかされたら、「なるほど、そんなにヒドいのか！」と急がず、「じゃあ、まだわからないよね？」と受け止める。**【裏付けチェック】**で「今はきれいに消された」と言われたら、「ホントだ、消えてる！」と急がず、「じゃあ、まだ裏は取れないよね？」と保留《ほりゅう》する。それからゆっくりと、時間のある時に自分で情報を調べたり、自然に入ってくる続報《ぞくほう》に耳を傾《かたむ》ける。ただそれだけの姿勢《しせい》で、もうあのブログに踊らされることはなくなるのだ。

そうやって結論を先送りしても、誰にも文句は言われない。だって、君は下村の破廉《はれん》恥《ち》事件で有罪・無罪の判決を迫《せま》られている裁判官ではないんだから。実は、君をせかしているのは、君自身だけなんだ。「なんだか怪《あや》しそうだな」とか「やっぱりシロっぽいな」とか、その時その時の〝仮の印象〟を抱いて、続報に接するたびに柔軟《じゅうなん》に修正していくのはかまわない。何か〝確定判決〟を早々に自分に思い込ませ、以後の新情報に耳を貸さないという姿勢は、百害あって一利なしだ。

だから、判断材料の少ない初耳情報についグラッと惹《ひ》かれたら、あえておまじないのように「まだわからないよね？」とつぶやいて、強制的に自分に言い聞かせよう。結論は、《即断しない》こと！

もちろん、例外はある。近くで原子力発電所が爆発して、正確な状況がまったくわからない、といった特殊《とくしゅ》な事態下では、少ない情報を信じるか否か直感で即決《そっけつ》して、避難《ひなん》するか屋内で待機するかを判断せねばならない場面もありえる。そんな時には「まだわからない」などと悠長《ゆうちょう》なことは言っていられないが、圧倒的に多くの、通常の情報キャッチボールの中では、この ギモン1 はとても有用だ。

たとえば、このケース。

事例C 松本サリン事件

一九九四年六月二七日の深夜、長野県松本市に猛毒《もうどく》ガスのサリンが散布《さんぷ》され、五〇〇人以上の死傷者が出るという大事件が起きた。九カ月後に起きる地下鉄サリン事件（事例P）とともに宗教団体オウム真理教《しんりきょう》による犯行（裁判で確定）とわかるまで、当初は毒ガス発生現場から一番近くに住む第一通報者の会社員・河野義行《こうのよしゆき》さんがサリンをつくって散布させた犯人であるかのように、警察もマスコミも色濃《こ》く匂《にお》わせていた。

長野県警捜査一課長は記者会見で、「第一通報者宅を家宅捜索《かたくそうさく》。令状の容疑《ようぎ》は「殺人」」と発言。新聞各紙は見出しで、「「調合《ちょうごう》間違えた」救急隊に話す　薬品類を押収《おうしゅう》」、「「オレはもうダメだ」座り込む会社員　以前から薬品に興味」、「住民「これで眠れる」「断じて許せぬ」」などと書き立てた。ただ決定的な証拠がないため、警察もメディアも、ズバリ「河野は容疑者」と明言することは周到《しゅうとう》に避《さ》け、ギリギリまで〝犯人っぽい〟表現を繰《く》り返していた。

けれど、早く怪事件の犯人を特定して安心したい世間は、結論を急いだ。日本中で非常にたくさんの人たちが「河野が犯人だ」と即断し、自身もサリン被害で入院中の河野さんの所や退院後の自宅には、「殺人鬼」「いい加減に白状しろ」などといった、正義感に燃えた善良な人々からの葉書《はがき》、ファックス、無言電話などが殺到《さっとう》した。人々は、メディア報道に踊らされた《被害者》であると同時に、河野さんを苦しめる《加害者》の大群《たいぐん》となった。

この時、私がキャスターをしていた報道番組「スペースJ」は独自の姿勢を取り、河野さん側の主張も詳しく伝えて「犯人は、まだわからない」という当たり前のことを繰り返し放送した。それに対し視聴者からは、「下村はなぜ殺人者の肩を持つのか」「犠牲《ぎせい》になった遺族の気持ちも考えろ」といった非難が相次いだ。ここでも皆、義憤《ぎふん》に駆《か》られていた(詳しくは、木村晋介著『サリン　それぞれの証』一七八ページ〜、本の雑誌社、二〇一五年)。

自身も被曝《ひばく》症状に苦しめられ、妻も亡くした河野さんは、この〝魔女狩り〟のような空気の中で職も失い、社会的にも事実上抹殺《まっさつ》された。彼は事件の前日まで、ごく普通の生活を送っていたのだから、これと同じ災難は、いつ君の身の上に突然降りかかってもおかしくない。明日いきなり日本中から血祭《ちまつ》りに上げられ、どんな反論も聞いてもらえなくなる。あるいは逆に、自分こそ正義の味方だと思いこんで、無実の人に石を投げる列に加わってしまう。そんな危《あや》うい社会に、私たちは生きているんだ。

もしこの時、「河野が怪しいぞ」と匂わすメディアの一連の表現を「まだわからないよね?」と冷静に受け止めるおまじないがもう少し社会に普及《ふきゅう》していれば、河野さんがあそこまで追い詰められることは、なかったかもしれない。

今まさに進行中の問題でも、「まだわからないよね?」は有効だ。たとえば――

事例D 原発問題

二〇一一年三月一一日に発生した東日本大震災で、東京電力福島第一原子力発電所の大事故が起こった。それ以降、これから日本の原発をどうするかをめぐって、「再……………び推進《すいしん》」と「このまま廃止《はいし》」の間で、議論はずっとかみ合わずにいる。君は、どういう意見かな?

あの事故が起きるまで原発のことなど何も勉強したことのなかった多くの人たちが、3・11以来、一生懸命《いっしょうけんめい》自己流で情報を集めた。そんな中で、「原発はまだ今後も危険だ」「原発がなくてもエネルギーは足りている」という情報を見て共感を抱いた人たちの中には、共感しつつも「まだわからないよね?」と保留を残している人もいれば、一〇〇パーセントその主張を信じきっている人もいる。後者のタイプの人たちは、それ以後、自分たちの説を補強してくれる情報だけを好んで収集《しゅうしゅう》し、原発推進側の見解に触れると「嘘《うそ》つきだ」「御用学者《ごようがくしゃ》だ」「原子力ムラの利益しか考えていない無責任な人たちだ」などと、すぐにレッテルを貼ってしまい、主張の中身を偏見《へんけん》ぬきに聞こうとしない。

一方、「原発はもう十分に安全だ」「原発がなければエネルギーは足りない」という情報にピンと来た人たちの中にも、共感しつつも「まだわからないよね?」と保留を残している人もいれば、一〇〇パーセントその主張を信じきっている人もいる。後者のタイプの人たちは、それ以後、やはり自分たちの説を補強してくれる情報だけを好んで収集し、原発反対側の見解に触れると「感情的だ」「夢《む》想《そう》家だ」「経済のことを考えていない無責任な人たちだ」などと、すぐにレッテルを貼ってしまい、主張の中身を偏見ぬきに聞こうとしない。これでは、どこまでいっても相互《そうご》不《ふ》信《しん》が続くばかりで、まともな議論が成立するはずがない。

だが、どちら側にも前者のタイプ、「まだわからないよね？」と ギモン1 の姿勢を大切にしている人たちはいる。その人たちは自分が共感している主張と逆の意見を言う人にも即断のレッテルは貼らず、ちゃんと耳を傾ける。すると、いろんなことが新発見できる。原発推進を主張する人の中には、目先の自分の給料や地位のためではなく、本当に心から「原発なしでは明日の日本は成り立たないんだ」と思い詰めて、子どもたちのためだと信じて真剣《しんけん》に原発の復権を願っている人もたくさんいること。原発廃止を主張する人の中には、一時の感情論ではなく、本当にきちんとしたデータやプランを提示して「原発にこだわるのは日本経済にとってもマイナスなのだ」と説いている人もたくさんいること。そういうことが見えてくると、どちらの側の情報に対しても自分の中の先入観や拒否反応がフッと消えて、半分閉じていた〝情報受け容《い》れ窓口〟の扉が全開になる。

原発問題は、目の前の事故処理だけでなく、健康への影響はこれから深刻化するのか、無事に稼働《かどう》している所でもドンドン出てくる放射性廃棄物《ほうしゃせいはいきぶつ》をどうするのか、など今後何十年、いや何万年もの将来に関わる、超長期的な問題だ。君が結論を急いだ方が、物事が早く前に進むのなら、急ぐ意味もあるかもしれない。でも、結論を急いだためにかえって議論が膠着《こうちゃく》状態になってしまうのだったら、何の意味もない。急がば回れだ。

消費税をどうするか。憲法は変えるのか。自衛隊は、軍隊に格上げするのか。これから、国論を真っ二つにするような難しいテーマの議論が続く。その時々に意見を持ちながらも、「まだわからないよね？」の姿勢で自己規制なく情報を吸収し続けられる自分でいよう。（ただし、思考をサボる口実に「まだわからない」を悪用しないこと！）

確かに、自分の結論を早々に固めてスパッと相手を斬《き》る人の方が、一見スマートだ。「まだわからないよね？」なんて、グズグズ見ているだけの阿呆《あほう》に思われるかもしれない。「踊る阿呆に見る阿呆、同じ阿呆なら踊らな損、損！」という言葉もある。私も、この阿波踊《あわおど》りのフレーズが大好きで、実際、仲間と〝連〟を組んで、本家の阿波踊りの列に加わったこともある。でも、《情報に接する時》だけは、やっぱり〝踊る阿呆〟になってはいけないんだよね。君もぜひとも、じっくり〝見る阿呆〟の道を選んでほしい。

では具体的に、どう《見る》阿呆になればよいのか？　情報の見方として使えるのが、この後に続く三つのギモンだ。

ギモン2 事実かな？ 意見・印象かな？ ——ゴッチャにして鵜呑みにするな

「まだわからないよね？」と判断を保留した情報で、まず《見る》べきポイント。それは、「どこが事実かな？　どこが意見・印象かな？」という仕分《しわ》け作業だ。情報には、大きく分けて、《事実》として記述されている部分と、その情報を発した人の**《意見・印象》が記述されている部分**とがある。その両者がゴッチャになったままでは、分析なんて始められない。診察の前に服を脱ぐように、まずは《意見・印象》という表面についた〝飾《かざ》り〟を外《はず》して、情報の〝本体〟を見なければ。

まずは準備体操として、すご～くわかりやすい実例から。

事例E　昭和最後の日の皇居前

「こちら皇居前広場では、お堀の水面《みなも》に浮かぶ白鳥たちまでもが、悲しげな表情です」

（一九八九年一月七日、あるテレビ・リポーターの実況中継《じっきょう》）

一〇代の君にとっては昔話になってしまうが、昭和天皇が亡くなった日、昭和六四年（一九八九年）一月七日。この世に「テレビ」という物が出現してから初めての天皇崩御《ほうぎょ》という歴史的な日を迎《むか》え、すべての民放テレビ局が、丸二日間まったくCMを入れずに特番を放送し続けた。当時、私はTBSで報道局のアナウンサーをやっていて、朝から皇居前広場の生中継リポートの担当となった。

「こちらには追悼《ついとう》の記帳台《きちょうだい》が設置され、続々と老若男女が集まってきています。御所の方角に深々と頭を下げる人もいれば、記帳を待つ行列の中で漫画を読んだり楽しそうに談笑しているグループもいます」――など、私は現在の見たままの《事実》を淡々《たんたん》と実況した。「なるほど、すべての人が昭和天皇の死を悼《いた》んでというよりは、この歴史的な日に現場に立ち会いたい、といった動機で集まってきている人たちもたぶんいるんだな」など、その場にいない視聴者たちにいろいろと考える材料を提供することが、現場リポーターの役割だから。

その後、某テレビ局のワイドショー番組で有名な大ベテラン女性リポーターが、私と同じ場所に立って実況リポートを始めた。その時の彼女の第一声が、**事例E**だ。すぐ脇の画面外にまだいた私は、思わずのけぞって、「あなた、白鳥にインタビューしたんですかい？」とツッコミたくなったが、そのとき中継画面に映し出された白鳥たちは、(ここがテレビの恐ろしいところだが)本当に悲しそうな表情に見えた。

さて、それではこの実況の言葉の中で、「リポーターの意見・印象」っぽいな、と思う部分に、線を引いてみよう！

——これは、簡単でしょう。線が引かれるのは、「**悲しげな表情です**」という部分だね。ここが「皇居前広場」で「水面に浮かぶ白鳥たち」がいることは見たままの事実だけれど、いま線を引いた部分は、このリポーターの抱いた《印象》あるいは《意見》だ。

まぁ、このケースの場合は、誰もが《印象》部分を識別できるから、大して問題はない。このリポートを《事実》だと思い込んで、「すごいなぁ、白鳥たちまで悲しんでいるのか」と受け取る人はまずいないだろうし、いたとしても、それで何か直接の害が発生するわけではないから。しかし、次のケースからは、《事実》描写《びょうしゃ》と《意見・印象》をしっかり分けないと、情報の受け取り方を大きく誘導《ゆうどう》されてしまう可能性がある。

事例F 報道のターゲットにされている人の自宅前から

……疑惑の△氏はこわばった表情で、記者を避けるように裏口からこそこそと出て行った。

テレビや週刊誌などで、こういう表現を時々見かけるよね。何かの事件などで疑いを持たれている人の自宅前に張り込んでいた記者が、よくこんなリポートをする。

では、再び実習。右のリポートの中の**《意見・印象》**っぽい部分に線を引いてみよう。さあ、どうなるかな？ 答は次ページにすぐ載《の》っているから、めくる前に書き込んでみて。

疑惑の△氏はこわばった表情で、記者を避けるように裏口からこそこそと出て行った。

「疑惑の」と前置きされた瞬間、君は「あ、△氏は怪しいんだ」というレッテルを無意識に貼ってしまう。「こわばった表情で」と言うけれど、最初からゴツい顔の人なのかもしれない。「記者を避けるように」と言うけれど、ただ裏口の方に用事があったのかもしれない。「こそこそと」だって、もともと姿勢が悪くて猫背《ねこぜ》なのかもしれない。

こうして、線を引いた部分を全部取り去って、《事実》描写の部分だけにすると、こうなる。

△氏は、　裏口から　出て行った。

このリポートが伝えている《事実》は、これだけだ。この《事実》だけの表現なら、君は△氏に対して何も特別なイメージは持たないよね。しかし、原文のように伝え手の《意見・印象》がミックスされると、「△氏って何か隠してるな、逃げずに早く本当のことを白状しろ」といった受け止め方をしてしまうかもしれない。君だけでなく、日本中でたくさんの人がそういう印象誘導をされてしまったら……、〝お堀の白鳥〟より、影響はずっと深刻だ。

こういうケースは、現実に数限りなくある。今度は、少し生々しい実例問題。

事例G 東日本大震災発生数日前の出来事（／部分は中略）

「公邸《こうてい》に引っ込んでいた菅《かん》にあわててファクスの質問状を持参し／菅は一瞥《いちべつ》するなり／「これは僕に預《あず》からせて」と言ってファクスをひったくっている」

（大鹿靖明著『メルトダウン――ドキュメント福島第一原発事故』講談社、二〇一二年）

右の文章に出てくる「質問状を持参し」というのは、私・下村の行動。「菅」というのは当時の菅直人《かんなおと》首相のことだ。《事実》と《意見・印象》を仕分けする作業に入る前に、この文の背景《はいけい》を簡単に説明しておこう。

あの福島第一原発事故が発生したとき、総理《そうり》官邸《かんてい》や東京電力の中で何が起きていたのかを追ったノンフィクション作品が、ここで取り上げた『メルトダウン』だ。ジャーナリストである筆者《ひっしゃ》が一四〇人以上の関係者に取材して実態に迫った力作で、君にも(ギモン2を身に付けた後なら)ぜひ読むことを勧《すす》めたい一冊だ。

私も、当事者の一人として筆者から執筆《しっぴつ》前に取材を受けた。私は震災当時、民間人でありながら二年限定の「特別国家公務員《とくべつこっかこうむいん》」という制度で内閣広報室《ないかくこうほうしつ》に呼ばれて、総理官邸の中で広報の手伝いをしていた。その関係で、本文中に四〇カ所以上証言が採《と》り込まれており、そのうちの一カ所が、この事例Gとして引用した文だ。

震災が起きる直前、菅首相には、ある献金《けんきん》スキャンダルの嫌疑が持ち上がっていた。その発端は、震災が起きる数日前の晩、私が一人で官邸の部屋で残業していた時に届いた、ある週刊誌編集部からのファックスだった。「菅首相が外国人から違法に献金を受けていたという情報があるので、首相自身に取材がしたい」、という申し込みの文面だった。

そのファックスを私が菅さんに届けた時の様子を筆者に淡々と説明したところ、それが見事にこんなドラマチックな描写に仕上がって世に出た。読者の頭には、上の絵のような光景が浮かんだことだろう。私が話した内容は後回しにして、まずは一切の予備知識なしで、事例Gをよ～く見よう。筆者の文章力はとても高いから、事例Fに比べてかなり巧《たく》みにまぎれ込んでいるけれど、ここにも《事実》描写と《意見・印象》描写が、混在《こんざい》している匂《にお》いがしないかな。原文を頭から信じ込まずに、そういう感覚を持てるようになったら、君もギモン2のおまじないが少し身に付いてきた、ということだ。

では、事例Gで《意見・印象》描写である可能性が匂う箇所に、線を引いてみよう。書き込めたら、答は次ページ。

公邸に引っ込んでいた菅にあわててファクスの質問状を持参し／菅は一瞥するなり／「これは僕に預からせて」と言ってファクスをひったくっている。

どうだろう、君は四カ所とも線を引けたかな？（この問題も、あちこちの中学・高校の一日授業で私は皆に出しているんだけれど、しばらく考えるとだいたいすべての指摘が出《で》揃《そろ》うことが多い）線を引いていない箇所は、言い換えようのない《事実》描写だけど、線を引いた箇所は、どれもいろんな形容の仕方ができる少々〝ショーアップ〟した記述になっていて、しかも読んだら特定の印象を抱くよね。

ではこの四カ所を、君の手で慎重に〝普通の言い方〟に直してみよう。脚色《きゃくしょく》を加える作業には文才が必要だけど、脚色を取り除《のぞ》く作業は、やってみると案外簡単だ。この文章は、こうなるよね。

公邸に＿＿＿＿＿いた菅に＿＿＿＿＿ファクスの質問状を持参し／菅はそれを見ると

／「これは僕に預からせて」と言ってファクスを受け取っている。

実際はどうだったのかという予備知識ぬきに、ただ匂う部分を機械的に脱臭《だっしゅう》しただけでできたこの文は、実は私が取材で筆者に話した《事実》描写と完全に一致する。これをもう一度、《印象》表現交じりの原文と見比べてみよう。

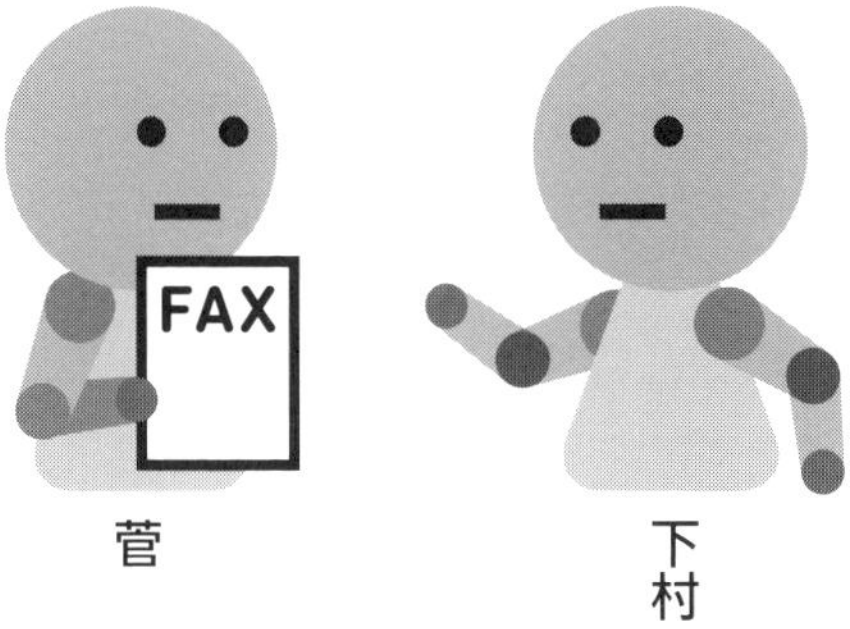

《事実》は、単に夜だから自宅(公邸)に「いた」だけでも、そこに「引っ込んで」をまぶすと、何となく菅首相が隠《かく》れていたような印象が生まれる。私は普通に公邸まで歩いてファックスを持って行ったのだが、そこに「あわてて」を加えると、読者は自然に「下村も何か知っていたんだな」と怪しむ(私個人にとっては、この部分が一番迷惑《めいわく》だった)。《事実》は単に「見た」だけでも、「一瞥するなり」と表現すると、とてもあせっている感じに

変わり、「菅は何か思い当たるフシがあるんだな」という印象に誘導される。そして、とどめは「ひったくった」。もう、隠し事がバレた時の動作としか思えない。

「《事実》かな？　《意見・印象》かな？」とつぶやき、冷静に仕分けするセンスが身に付いていないと、書き手のちょっとした〝盛《も》り付け〟で、君はこんなにも簡単に印象誘導されてしまう恐れがあるのだ。

〝仕分け〟と〝排除〟は違う

ただ、こうやって《事実》と《意見・印象》とを仕分けしてみると、一つの困った問題が発生する。もう一度、**事例F**と**事例G**の、仕分けする前と後の文章を比べてみよう。

面白《おもしろ》いのは、どちらだろうか？

——明らかに、《意見・印象》が交じっている方が、面白くて読む気をそそられるよね。

とにかく相手にボールを受け取ってもらえなかったら情報キャッチボールは成立しない

から、いくら「《事実》が大切」といっても、相手に〝聞く耳を持ってもらう〟ための工夫はせざるをえない。そんな工夫の一つが、取っ付きやすい《意見・印象》の付加だ。

この文章の筆者だって、事実を意図的に曲げようなどという悪意は持っていない。私から取材する時の姿勢も、真剣そのものだった。ただ、文才があり余ってちょっと味付けを濃くしすぎてしまったのだろう。

「情報」を料理にたとえるなら、《事実》は素材で、《意見・印象》は調味料。上手に調味料を使って「素材を食べやすくしてほしい」というのは、**食べる側の希望**でもある。「素材は何でもいいから、この人の味付けが味わいたい」というリクエストだってある。そういう希望や、それに応えるための料理人の工夫は、永久になくならない。

それと同じで、情報を受け取りやすくしてほしいという聞き手側の要望も、そのための語り手側の工夫も、なくなることはない。そう、正直言えば君だって、「《意見・印象》はすべて排除して、いつでも《事実》だけを伝えてほしい」などと立派《りっぱ》な要望をする気には、たぶんなれないだろう。「そんなのタテマエで、ホンネは面白い方がいいよ」

と思うだろう。じゃあ、どうしたらいい？
　だからこそ、食べる側が、素材の味を評価する時に、分けて考えることが大切なんだ。たとえば「このキュウリ自体が塩辛《しおから》い」のではなく、「このキュウリには塩をかけ過ぎだ」と受け止めること。事例F のリポートをわくわくしながら友だちといっしょに見た後、友だちが「△って、悪いヤツだな！」と感想を言っても、君はフッと冷静に戻って「まぁ、この記者は怪しんでるけど、これでわかる事実は、ただ裏口から出て行っただけだよね」と指摘すること。そうやって、《意見・印象》を排除するのではなく、きちんと《事実》と混同せずに受け取ることが、ギモン2「事実かな？　意見・印象かな？」のポイントだ。

　さて、こうして仕分けができて、事実描写の部分だけが見えるようになったとしよう。でもこれは52ページの通り「事実として記述されている部分」というだけであって、ズバリ「事実」かどうかは、まだわからない。事例A の市議のように、本人が事実と思い込んでいるだけの誤報かもしれないし、ときには、悪意で事実のふりをした虚報かもしれない。あるいは、事実の中のほんの特殊な一カケラだけなのかもしれない。

「事実として記述されている部分」の中身を見極《みきわ》めるには、どうしたらいいのだろう。君に予備知識がある話なら、「あ、これは間違ってるな」とか「これは偏《かたよ》った一部でしかないな」とすぐわかるけど、初耳の情報だったら？　そんな時に使えるつぶやきが、次のギモン3だ。

ギモン3 他の見え方もないかな？——一つの見方に偏るな

受け取った情報を、一つの見方だけせずに、わざと順序、立場、重心などを変えて見直してみよう。そうすると不思議なことに、同じ出来事が、まったく違う姿で見えてくる。まずは、《順序》の実験からしてみよう。

事例H 走っている人と犬

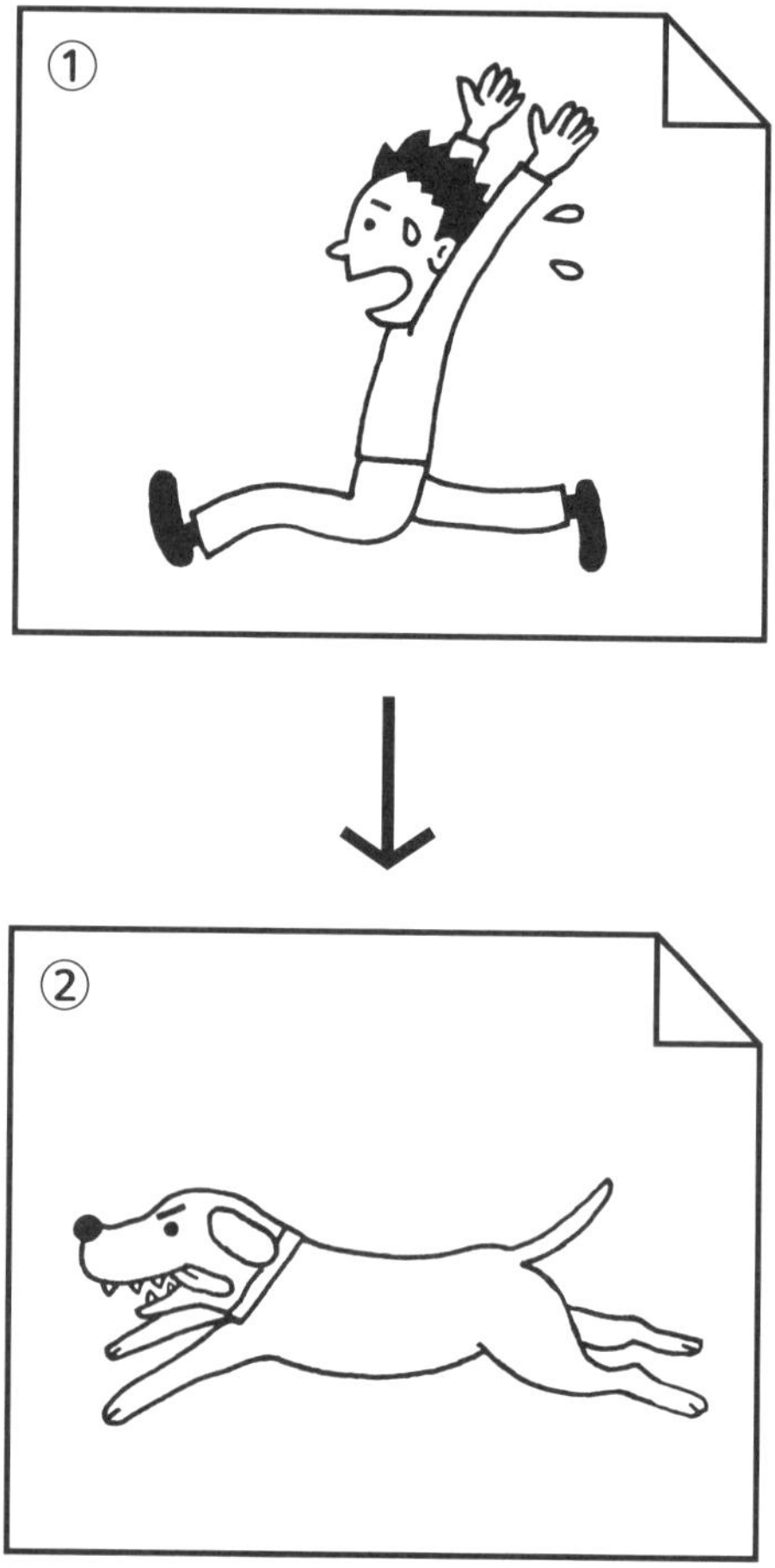

何の解説もなく、右の二枚の絵を順番に見た瞬間、君はどういうストーリーをパッと想像する？「人が、犬に追いかけられて逃げている」――教室でたずねると、だいたい七〜九割の人が、そう答える。残りの人は、「逃げた犬を、飼い主が追いかけている」

と答える。ときには、ほとんど全員が前者の答で、後者は一人か二人ということもある。

では、この二枚の絵をただ入れ替えてみよう。左の絵をパッと見て、今度はどんなストーリーが浮かぶかな？

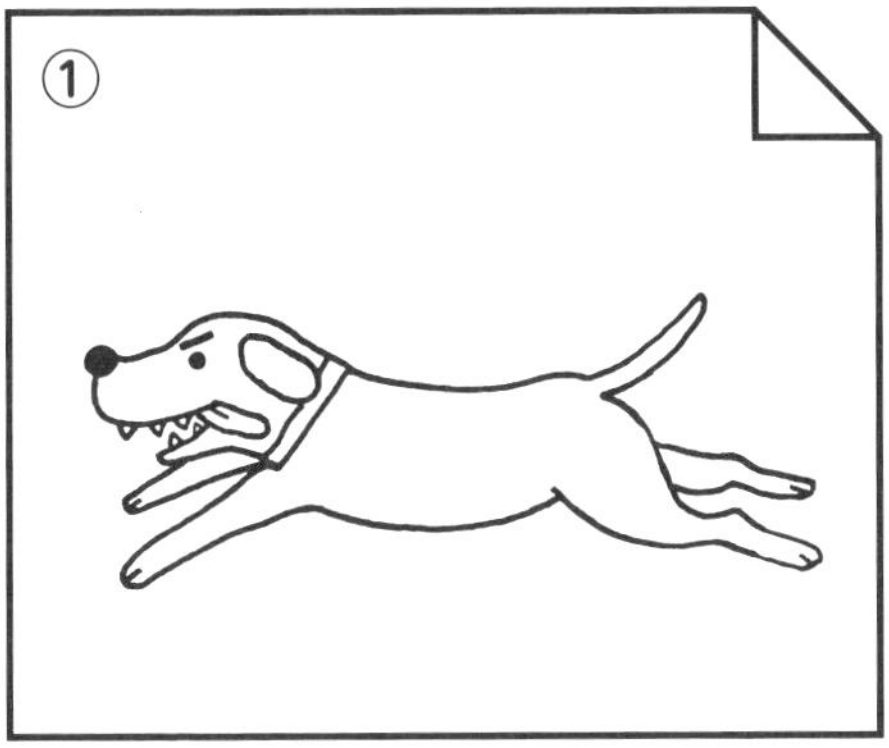

「逃げてしまった犬を、飼い主が追いかけている」——今度は教室で七〜九割の人が、そう答える。残りの人は、「人が、犬に追いかけられて逃げている」と答える。この場合もまた、ほぼ全員が前者と答えるクラスもある。

たった二枚のごく簡単なイラストでも、見る順番が変わるだけで、人はこんなにもガラッと受け止め方を変えてしまうことがある。普段、君がインターネットやテレビ、雑誌、新聞記事などから受け取っている情報は、何十、何百ものパーツ(この実験ではイラスト)が組み合わさって伝えられている。それがどういう順序で構成されているかによって、君の見方は大きく変わってくる可能性があるわけだ。

たとえばあるテレビニュースで、二〇種類のシーンが撮《と》れたとしても、画面を二〇個に分割して同時にすべてのシーンを放送したら、かえって何も伝わらない。インターネットの記事で、一行目から最後の行までを同じ場所に重ねて書いたら、グチャグチャでまったく読めない。だから、情報を出す側は、どうしても一通りの順番を選んで見せていかざるをえない。

となれば、受け取る側の君が、柔軟になるしかない。事例Hでどちらかのストーリーが瞬間的に頭に浮かんでも、そこで決めつけず、「待てよ、これらのイラスト(情報)を**違う順番で見たら**、他の見え方もないかな?」と考えめぐらせてみる。そうやっていろんな可能性を頭の中に残しながら、続報を待とう。

以上が、《順序》の入れ替え実験。次は、《立場》の入れ替えを練習してみよう。

事例I 「人里にサルが出た」

こういうニュース、よく見るよね。「住宅地にクマが出て、大騒ぎ」とか、「シカが出て、六時間かけて捕まえた」とか。

私がTBSで「おはようニュース&スポーツ」という番組のキャスターを務めていた時、どこかの地方局から、このサルのニュースの中継があった。ところがその中継が予定より早く終わって、コマーシャルに移るまでの時間が一〇秒ほど余ってしまい、スタジオにいた私は、とっさに何か一言アドリブを言って、空白を埋《う》めなければならなくなった(生放送の報道・情報番組では、こういうことはしょっちゅう発生する)。

さぁ、質問。君がこの時、私の代わりにキャスターだったら、その場で一〇秒、何と言っただろう？「人里にサルが出た」というニュースを受けて、わざと何か《立場》を入れ替えて、〝もし〇〇だったら……〟という発想のコメントを、ここに書いてみよう。

書けたかな？　私がこの時の番組で実際に言ったのは、こういう一言だった。

「でも今頃、サル界のニュース番組では「サル里に人が出た」と言っているかもしれませんね」

――もともと、日本列島は全部が自然の野山で、サルたちは自由に棲《す》む所を選んでいたのだろう。それを後から人間が住宅地として切り拓《ひら》いて、縄張《なわば》りにしていったのだから、サルから見れば、人間こそ、自分たちの棲《す》み処《か》に後から現れた迷惑者だろう。だから「人里にサルが出た」も、立場を変えれば「サル里に人が出た」。

こうした逆の見え方をポンと加えると、ただの害獣駆除《がいじゅうくじょ》のニュースから、「野生動物と人間の共生」など、新たなテーマも浮かんできて、視野がサッと広がったりする。

まずは頭の体操で、このように今日から**「逆リポーターごっこ」**をやってみよう。何かニュースの中から一本選んで、自分がスッと理解できる立場とは無理やり反対の立場に立って、今出ている材料だけで何を言えるか一生懸命考えてみるんだ。たとえば、謎の連続殺人事件で疑惑の人物について報じられたら、あえて「その人の弁護人」の立場になりきる。〝夢の新技術〟(まだ承認されていない新薬とかリニア新幹線とか)の素晴《すば》らしさを報じるリポートを見たら、あえて〝その技術の怖さ〟という立場からコメントしてみる。日本と他国が対立している問題について、あえて相手国のニュースキャスターになったつもりで報じてみる。――最初は、強引でもいい。そうやって無理やりでも別の見方を探していると、段々に情報を立体的に受け止める〝目〟ができていくから。

以上、《順序》と《立場》の入れ替え方を練習してきた。では次に、《重心》のずらし方を考えてみよう。

事例J　いじめの把握《はあく》件数が増えた

二〇二二年度に全国の小中高校などが把握したいじめは前年度の二・八倍の一九万八一〇八件だったことが一〇日、文部科学省の問題行動調査で分かった。一九八五年の調査開始以来最多。

（時事通信社のウェブサイト　二〇二二年一二月一〇日）

把握されたいじめ件数が急増しているというこの記事を読んだ瞬間、君はどう受け止める？「悪い傾向だな」と感じたか、「いい傾向だな」と感じたか。

「悪い」と感じた人は、このニュースを「いじめが増えた」と受け止めたのだろう。

つまり、右の記事の第一文の、「いじめ」という語に重心を置いているんだね。でも、これも教室で皆にたずねてみると、たいてい数人は、「いい」と感じた方に手を挙げる子もいる。その理由をきくと、「把握件数が増えたということは、今まで先生にも相談できず埋《う》もれていたいじめや、学校が文部科学省に報告しないでウヤムヤにしていたいじめが、それだけちゃんと把握されて取り組まれるようになったということだから」という返事が返って来る。つまり、記事の第一文の、「把握した」という語に重心を置いているんだ。なるほど、そういう見方もできるよね。あるいは、両方の見方が半分ぐらいずつ正解なのかもしれない。

となると、このニュースは、単純に「いい」とか「悪い」とか決めつけず、「二・八倍にもなったのなら、実数も増えたのかもしれない。けど、これだけいじめが社会問題になったことで学校の姿勢が変わり、把握・報告件数が増えた分も、けっこうあるかもしれないな」と、一歩引いた広い目で見て、続報を待ったり自分で調べたりできるといいね。

ただこれは、いざ実行してみようとすると、慣れないうちはなかなか難しい。事例H は試しに情報の《順番》を入れ替えてみればいいし、事例I も単純に《立場》をひっくり返してみればいいだけ。ところが事例J は、ただ「《重心》をズラしてみよう」と言われても、どうズラせばいいのか、何も思い浮かばない！　ということが、よくある。

そんなとき、思い浮かべるヒントになるのが、ギモン4 だ。これはとってもよく使えて便利なコツだから、覚《おぼ》えておこう。

ギモン4　隠れているものはないかな？
――スポットライトの周囲を見よ

ギモン2 とギモン3 は、ある情報を《意見・印象》と仕分けしたり、見方を変えてみたり……と、どちらもその情報自体をよく見つめる作業だった。ギモン4 では、その情報の外側に目を向けてみよう。まずは、とっても簡単な実験から。

事例K どんな図形かな？

㋐

㋑

㋐の絵を見よう。**ある図形の左半分だけにスポットライトが**当たっている。これが、与えられた情報のすべてだ。さて君は、これは素直に何の図形だと直感するかな？

——そう、「四角形」の左半分が見えているんだと思うよね。

では、㋑の絵はどうだろう。今度は、**ある図形の右半分だけにスポットライトが**当たっている。これは何の図形かな？

——今度は、「丸」の右半分だと思うよね。

このように私たちの頭は、ある情報の見えている部分だけをもとに、**見えない部分を無意識のうちに想像して補う力**をもっている。いちいち全部が見えるまでそれが何だか判断できなかったら不便で仕方ないから、この想像力は、普段の情報収集の中でとても大切な能力だ。けれど、この自動的な想像力が、とんだ思いこみにつながってしまうこともあるんだ。

さっきの二つの図形も、スポットライトを拡《ひろ》げて全体を見せると、どちらも同じ、左ページのような形だったりする。「四角」も「丸」も、思い込み。こういう〈**スポットライトの副作用**〉が、実は多くの情報キャッチボールのエラーの原因になっているんだ。

だから、「いま見えている情報は、《事実》の全体像の中の、スポットライトが当たった一部分だけで、この周りの暗がりにも、隠れているもの、見えていないものがまだある**かもしれない**んだ」、ということを、情報を受け取る時には意識してみよう。

たとえば、さっき重心のズラし方が難しい、と感じた**事例J**にも、この**ギモン4**をつぶ

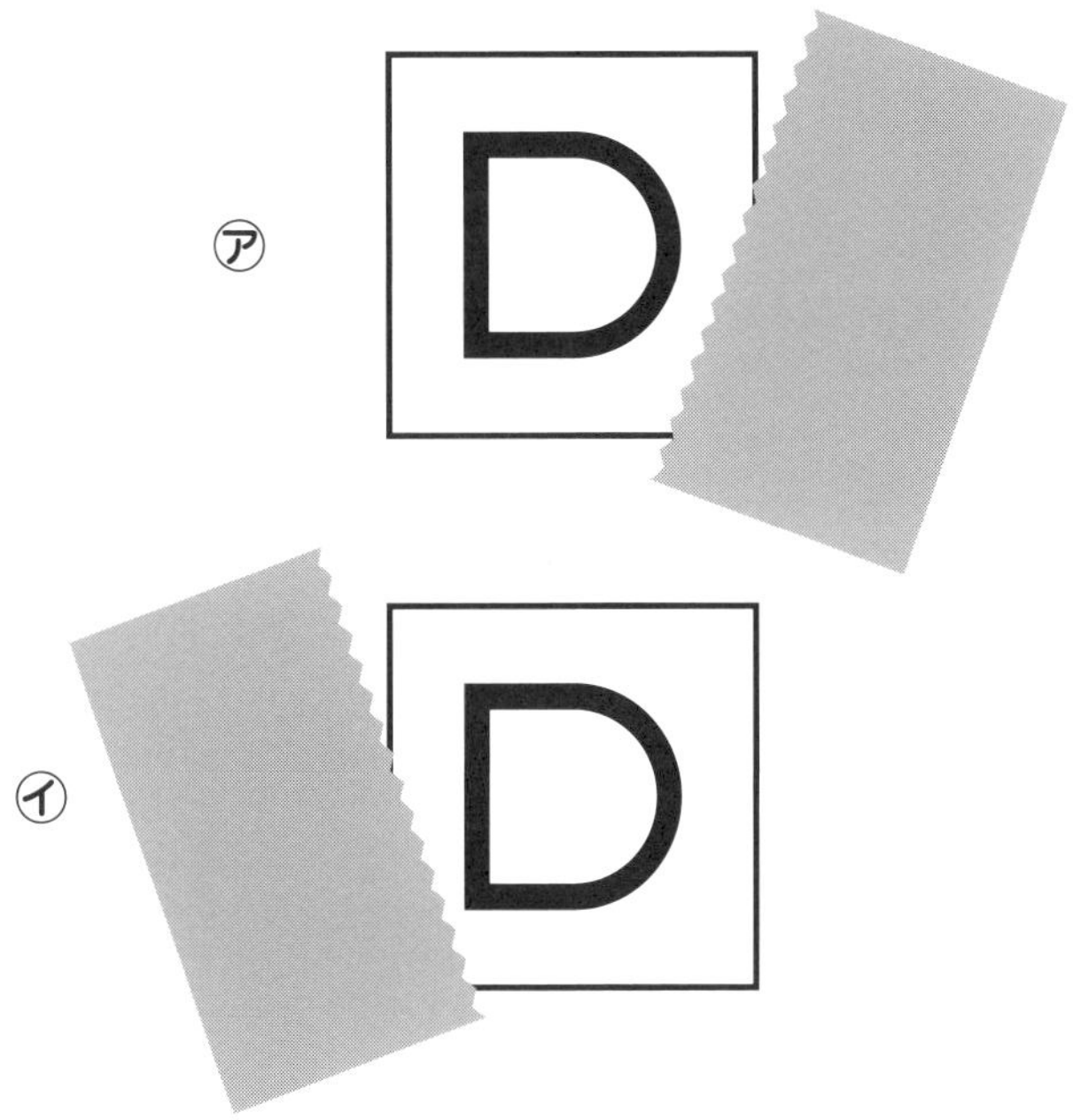

やいてみる。あの記事が何にスポットライトを当てているか意識しながら再読すると、なるほど「把握したいじめ」と書いてある。ということは、その周囲の暗がりに、「把握していないいじめ」が存在するかもしれないな。それがスポットライトの中に比べて多いか少ないか、増えているか減っているかは、この記事からは読み取れないけれど、とにかくこのスポットライトだけでは、**すべてが語れてる**

わけじゃないな。そう気づくことで観点はスッと拡がり、自分の第一イメージとは異なる重心の置き所も浮かんでくる。

——さぁ、いくつか実習でトレーニングしてみよう。

事例L　危険な新型インフルエンザが○○市で流行し始めた。

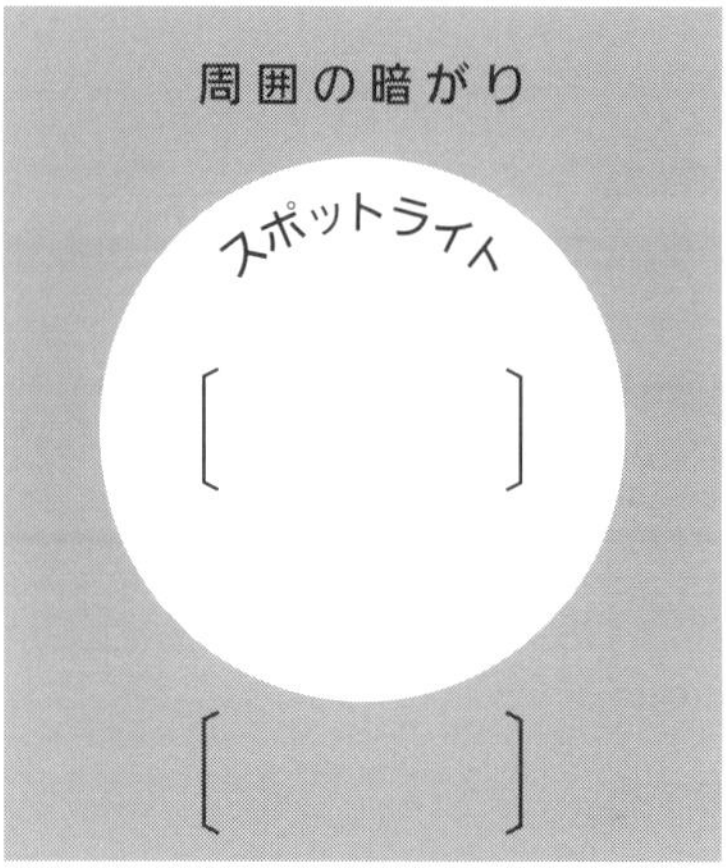

来週なのか五年後なのかはわからないけれど、これはいつかきっと流れることになるニュースだ。そこで、質問。もし君がテレビ局の報道カメラマンだとして、このニュースを放送するために「○○市の中心街の雑踏《ざっとう》を撮ってこい！」とデスクに指示されたら、君はその雑踏に行って、行きかう人々の中で、どんな映像を撮ろう

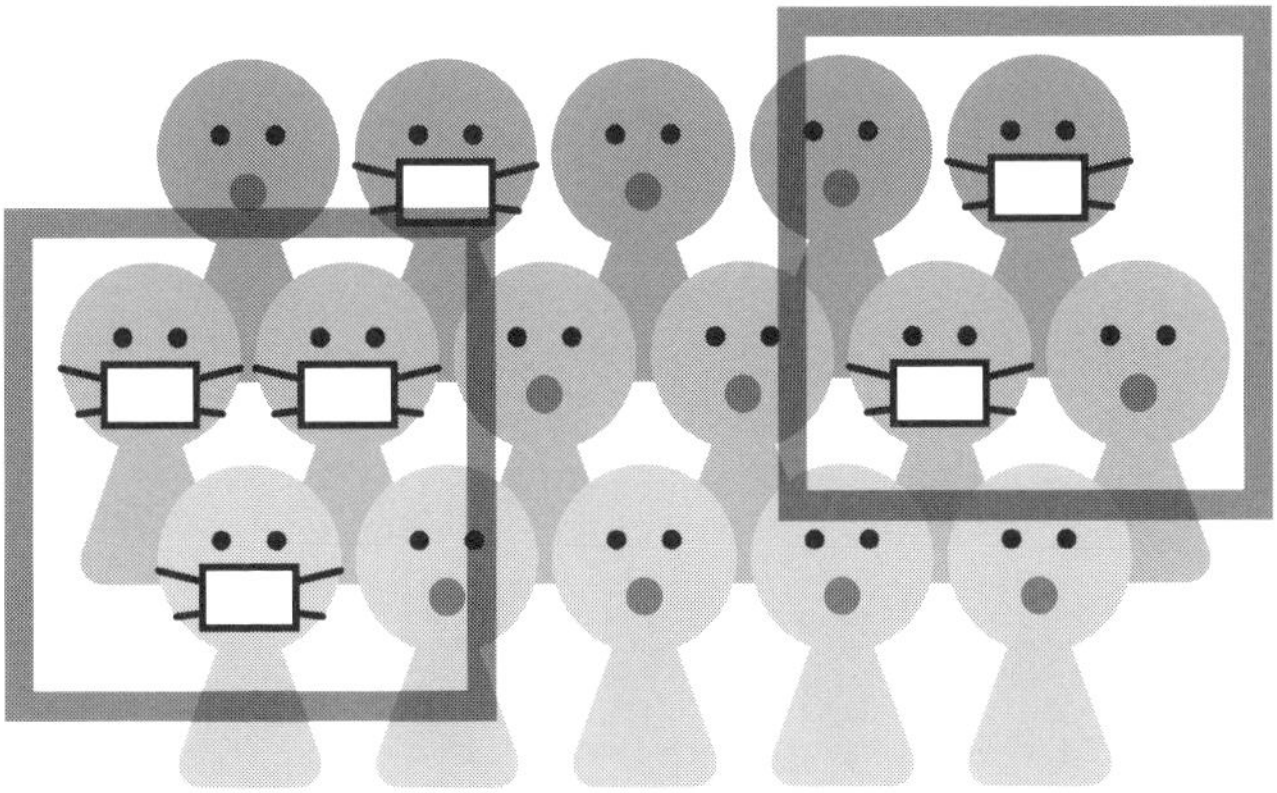

とするかな？

右ページの円形がスポットライトだと思って、その中に、自分が撮りたい映像を一言で書いてみよう。

教室でこれをたずねると、多くの子が、「マスクをしている人々」を撮る、と答える。インフルエンザ流行のニュースなのに、その街で元気に歩いてる人の姿を映しても、仕方ないもんね。仮に、道を歩いている人の三割ぐらいしかマスクをしていなくても、「あ、いたいた」とその人に狙いを定めて（いわばスポットライトを当てて）撮影するでしょう？　この結果、上の絵の《全体》から、枠《わく》を付けた《部分》だけが取り出される。で、君が持ち帰った撮影映像を見て、テレビ局の編集担当者がさらにその中から、なるべく大勢のマスクの人が同時に映っている場面を選んでつなぐ。

このとき、カメラマンである君にも、映像編集者にも、「事実を曲げて視聴者を恐怖に陥《おとしい》れてやれ」という悪意はまったくない。ただ、「病気流行のニュースだから、マスクの人を選ぶ」という**当たり前の判断**をしただけだ。

ところが、今度は君が視聴者だとして、ニュースのテレビ画面で絵の枠内の映像だけを次々に観《み》たら、どう思うかな？　「うわ、大変だ！　あの街みんなマスクをしている」と思ってしまわないかな？　このとき、あわててパニックを起こす前にギモン4をつぶやこう。スポットライトの周りの暗がりには、何があるかもしれないかな？　78ページの図の、円の外側の暗がりにある記入欄《らん》に、一言で書き込んでみよう。

——そう、当然答は、「マスクをしていない人々」だね。それを書き込んだ瞬間、君は「ああそうか、このスポットライトの中は、選び抜かれた部分なのかもしれないな」と冷静になる。こうやって考えると超簡単なのに、実際に情報を受け取る時にはついケロッと忘れて「みんなマスク」と思ってしまう。一〇〇人の社員のうち九七人が一生懸命まじめに働いていても、三人の不祥事《ふしょうじ》が相次いで報じられると「あの会社は皆……」とくくってしまう。特定のイスラム系テロリストの暴挙を見て、「これだからイスラム教は……」と信者全体のイメージにしてしまう。悪意の誘導にはまって踊らされているのではなく、悪意が存在しなくても自分から踊ってしまうんだ。これが、**〈スポットライトの副作用〉**。

もう踊らないように、この思考パターンは、しっかり習慣づけよう。毎日情報を受け取る場面で、とてもたくさん当てはめられるから。

今の例は、「マスクをしている人」⇕「していない人」というように、単純にひっくり返すだけでスポットライトの外が想像できる、わりと簡単なパターンだった。次は、もう少し頭をやわらかく働かせる必要があるケース。

事例M　鈴木家の前の「鈴木踏切《ふみきり》」

政治家・鈴木宗男《むねお》氏の生家の前のＪＲの踏切には、「鈴木踏切」という正式名称が付けられている。

ちょっと前の例だけれど、非常に典型的なのでこれも紹介しよう。

元衆議院議員で、鈴木宗男氏という政治家がいる（現在、新党大地代表）。鈴木氏は、かつては自由民主党の実力者で、二〇〇二年に収賄《しゅうわい》事件で逮捕《たいほ》された前後、テレビや新聞、週刊誌などでいろいろと批判、バッシングを受けていた。

その流れの中で、「鈴木踏切」というものがヤリ玉に挙げられたことがあった。踏切という物には一つ一つ名前が付けられているのだが、北海道・足寄町《あしょろちょう》にある鈴木宗男氏

「鈴木踏切」（TBS「NEWS23」2002年5月31日放送より）

の生まれた家に通じるＪＲの踏切は、通称ではなく正式に「鈴木踏切」というのだ。現在では廃線となって残っていないが、当時は「なんとＪＲの踏切まで、自宅の表札《ひょうさつ》代わりにしている」などと一部の週刊誌やワイドショーで取り上げられ、「権力の私物化の象徴《しょうちょう》」のように報じられた。

当時、私も取材で現地に行き、確かに「鈴木踏切」であることを、この目で確かめた。

さぁ、質問。君ももし現地に取材に行ったとしたら、次に何を確かめるかな？

スポットライトの中には、確かに今「鈴木踏切」が存在している。では、周囲の暗がりの中には、何が隠れている可能性があるだろう？

さっきと同様、図の下側の〔　〕に、自由に思いつくことを書き込んでみよう。

これは、教室でたずねてみると、実に様々な発想が飛び出してくる。
＊「その地区の地名」――単に足寄町鈴木地区だから、「鈴木踏切」なのかも。
＊「周囲の家の表札」――別に宗男さん宅だけでなく、周りじゅうが鈴木さんという苗《みょう》字《じ》の人の家だらけだから、「鈴木踏切」なのかも。
＊「この踏切で起きた事故の記録」――人命救助して犠牲になった鈴木さんという故人を忘れないために、「鈴木踏切」に改名したのかも。
……などなど。そして、生徒が手を挙げてどんな答をしても、私は決して「それは違う」とは否定しない。すべての答に対し、「なるほど。その考え方、あるかもしれないね」と肯定《こうてい》する。ここが、とても大切なポイントだ。発想は、自由だ。算数の計算問題や、歴史の年号暗記と違って、そこには○と×はない。ただいろんな形をした○があるだけだ。ちょっとデコボコしてたり、楕円《だえん》だったりしても、○は○だ。君も、「正解を思いつかなきゃ」なんて自分を追い込んで頭を固くせず、何かを発想する時は、伸び伸びと脳ミソを解放してあげよう。

肝心《かんじん》なのは、《暗がりにある正解をズバリ思いつくこと》ではなく、《スポットライトの中がすべてだという思い込みから自分を解放すること》だ。実際、右の回答例はどれも、正解だろうとなかろうと、ただ「こうかもしれない」と発想するだけで、君を「鈴木踏切＝権力の私物化の象徴」という決めつけから解放してくれる。あとは、決めつけずに続報を待ってもいいし、興味があったら自分でちょっと調べてみてもいい。その結果、「やっぱり鈴木氏が無理やりJRに命名を指示した」とわかれば、その時に初めて批判すればいいのであって、君が決めつけを急ぐ必要は何もない。

現地取材に行った私も、ちょっと調べてみた。「鈴木踏切」というスポットライトの周囲の暗がりにある〈他の踏切の名前〉を見て回った。すると――柴崎《しばざき》さんの家の前の踏切には「柴崎踏切」、渡辺さんの家に通じる踏切には「渡辺踏切」……と名前が付いているではないか！　つまり、人口密度が低くて踏切の先に一軒しか家がなかったりするこの地域では、踏切にその家の名前を付けるのは、特に珍《めずら》しくもない習慣だったのだ（このリポートを番組中のVTRで放送した時には、スタジオゲストの国会議員さんたちは、あまりの意外なオチに与野党問わず思わず大笑いとなってしまった)。

スポットライトの中の事実は、何もウソではない。確かに、鈴木宗男氏の生家の前にあるのは「鈴木踏切」だ。だが、周りの暗がりがわかると、その《事実》が持つ《意味》は、すっかり変わってしまう。結局これは、「権力を私物化してけしからん!」という話では、まったくなかった。〈**スポットライトの副作用**〉には、くれぐれもご用心。

最後に、こんな例も挙げておこう。

事例N　一万九〇〇〇人

東日本大震災は、一一日で発生から三年を迎える。(中略)警察庁の一〇日現在のまとめで全国の犠牲者は死者一万五八八四人、行方不明者二六三三人の計一万八五一七人に上る。

(河北新報ウェブサイト　二〇一四年三月一一日)


ここでスポットライトの中にあるのは、「震災で助からなかった方々」の人数だ。行方不明者の減少、震災関連死の増加などで、この数は今も変動しているが、私たちの胸に深い痛みを突きつけずにはいない。

でも、うなだれてばかりはいられない。気持ちを奮《ふる》い立たせるために、あえてスポットライトの周囲に目を向けて、左上の図の空欄に思い付く言葉を記入してみよう。

事例Lと同様の反転発想パターンを当てはめると、ここには、どんな人たちの存在があるはずだろうか(まずは、人数の部分は空欄のままでかまわない)。

――そう、スポットライトの周りにいるに違いないのは、〔助けられた方々〕だ。そういえば当時テレビで、飢《う》えや寒さで生命の危機にある孤立した人々を自衛隊が救助するシーンをよく見たな、と君も思い出すだろう。そこでインターネットで調べてみると、自衛隊だけでもあの震災の時に人命救助した人数は一万九二八六人とわかる（防衛省「東日本大震災における防衛省・自衛隊の活動について」二〇一二年三月一五日）。

この数字を、前ページの図の人数欄に書き込んでみよう。震災で助からなかった人、助けられた人、ともに約〔一万九〇〇〇人〕。スポットライトの中を見ただけの時は、3・11はただ一方的に「日本社会が大自然の猛威に叩《たた》きのめされた日」という姿だった。でもこの二つの「一万九〇〇〇」両方に視野を拡げると、3・11は同時に「日本社会が大自然の猛威に立ち向かい助け合った日」という、また**別の見え方が加わってくる**。それで悲しみが和らぐわけではまったくないけれど、「どうせ人間は無力だ」というあきらめではなく、「よし、次の大災害にはもっと助け合える態勢で備えるぞ」という力が湧《わ》いてくるでしょう。

スポットライトに、悪意はあるか

さて、ギモン4の使い方がわかったところで、ちょっと第1章の事例Bを振り返ってみよう(34ページ)。あそこで私は、ウィキペディアの中で下村健一についての記述に誤りのある部分をピックアップして取り上げた。つまり、そこにスポットライトを当てていたわけだ。

「誤りもあるんだよ」と紹介するためには、誤りのある部分を引用するのは当たり前のことで、別にウィキペディア全否定キャンペーンの意図があるわけでは全然ない。あれを読んだ時、もし君が「なんだ、ウィキペディアって嘘だらけなのか!」と感じたのなら、それもまた《スポットライトの副作用》だ。そんな風に誘導することは、まったく私の本意ではない。

もうスポットライトの発想法が身に付いた今の君だったら、すぐに上の図の暗がり部分の空

欄は書き込めるよね。そう、〔ウィキペディアの正しい記述〕だね。実際、下村健一についての記述も、事例Bで引用した部分以外は、だいたい正しい。そこに思い至った今の君は、「嘘だらけなのか！」ではなく、「ウィキペディアも間違っていることはあるんだな」と冷静に受け止めることができる。それこそが、私がこの事例Bで伝えたかったことの本意だ。

大昔、人々が口伝えで出来事を知らせ合うようになった時から、ニュースというのは《普段とは違うこと》を伝えるのが役割だった。つまり、もともとニュースというのは、スポットライトの集まりなのだ。そこには別に、「周りを暗がりにして隠して、特定の方向に誘導してやろう」という悪意があるわけではない。たとえば飛行機墜落《ついらく》のニュースを伝える時、ニュースキャスターは最後に一言、「なお、他の飛行機は落ちませんでした」とは決して言わない。でも別にそのキャスターは、落ちなかった飛行機のことを隠そうとしているわけではまったくない。もともと《落ちた飛行機のことだけ伝える》のがニュースだからだ。

では、悪意がないのになぜ問題が発生してしまうのか。そこには、事例K（75ページ）で見た情報の受け手の習性が絡んでくる。受け手には、《自分に見えている部分だけで全体を判断する》という、普段は便利な習性がある。一方、情報の送り手には、《落ちた飛行機のことしか伝えない》という習性がある。この両者の癖《くせ》が不幸な重なり方をすると、情報キャッチボールのエラーが自動発生するのだ。

送り手と受け手の持っている基礎知識量が揃《そろ》っている場合には、エラーは発生しない。たとえば飛行機墜落のニュースなら、最後の一言の注釈がなくても、視聴者は「大変だ、飛行機がみんな落ちちゃった！」とは受け止めない。ところが事例L（78ページ）の新型インフルエンザのニュースとなると、「大変だ、みんなマスクをしてる」になってしまうのだ。

手品師が、左手でトリックを行う間、右手でわざと派手なアクションをしてそちらに客の注目を集めるように、ときには悪意を持った情報発信者が意図的なスポットライトを駆使《くし》することもあるだろう。

ギモン4 「隠れているものはないかな？」のつぶやきは、そんな悪意ある発信者のたくらみも、冷静に見破《みやぶ》って踊らされない。そして、悪意なき発信者の真意は、冷静に受け止めて過剰《かじょう》反応しない。そんな両方の役割を果たす道具として、活用することができるのだ。

まとめ 実は、とっくに身に付けていること

ここまで、情報をしっかり受け取るための四つのギモンを見てきた。

「エ〜、こんなにいちいちギモンをつぶやくのは難しいし、慣れなきゃ面倒だよ〜」

君は、そう思うかもしれない。でも、これは君にとって、本当に難しいことかな？　慣れていないことなのかな？

10ページを見返してみよう。第1章の【問4】で、食事の仕方、道の歩き方について、皆が先生や親からとっくに教わっていることを確認したよね。食事の仕方なら、「よくかめ」「好き嫌いするな」、道の歩き方なら「飛び出すな」「左右を見よ」などだった。

それらと、この第2章で見てきた「情報をしっかり受け取るための四つのギモン」を、並べてみよう。

ギモン1 **まだわからないよね？**
＝結論を「即断するな」……「飛び出すな」

ギモン2 **事実かな？ 意見・印象かな？**
＝ゴッチャにして「鵜呑《うの》みにするな」……「よくかめ」

ギモン3 **他の見え方もないかな？**
＝一つの見方に「偏るな」……「好き嫌いするな」

ギモン4 **隠れているものはないかな？**
＝スポットライトの「周囲を見よ」……「左右を見よ」

――そうなのだ。君が食事の仕方や道の歩き方を覚えているのなら、情報を受け取る時にも、それとただ同じことをすればいいだけなのだ。教わったことを普段いちいち思い出さなくても、もう自然によくかんだり左右を見たりできるなら、情報を摂取《せっしゅ》する時だって同じように、君は無意識に【四つのギモン】を実践できるはずなんだ。第２章の中に、新しく覚えるべきことは、何もない。ただ、日常生活の中でもともとオンになっているスイッチを、情報摂取の時にもオフにしないこと。それだけでいいんだ。

今日から、さっそく使ってみよう。【四つのギモン】の実践に、個々のニュースについての予備知識はとりあえず何もいらないのだから。

第3章

情報をしっかり届けるための4つのジモン

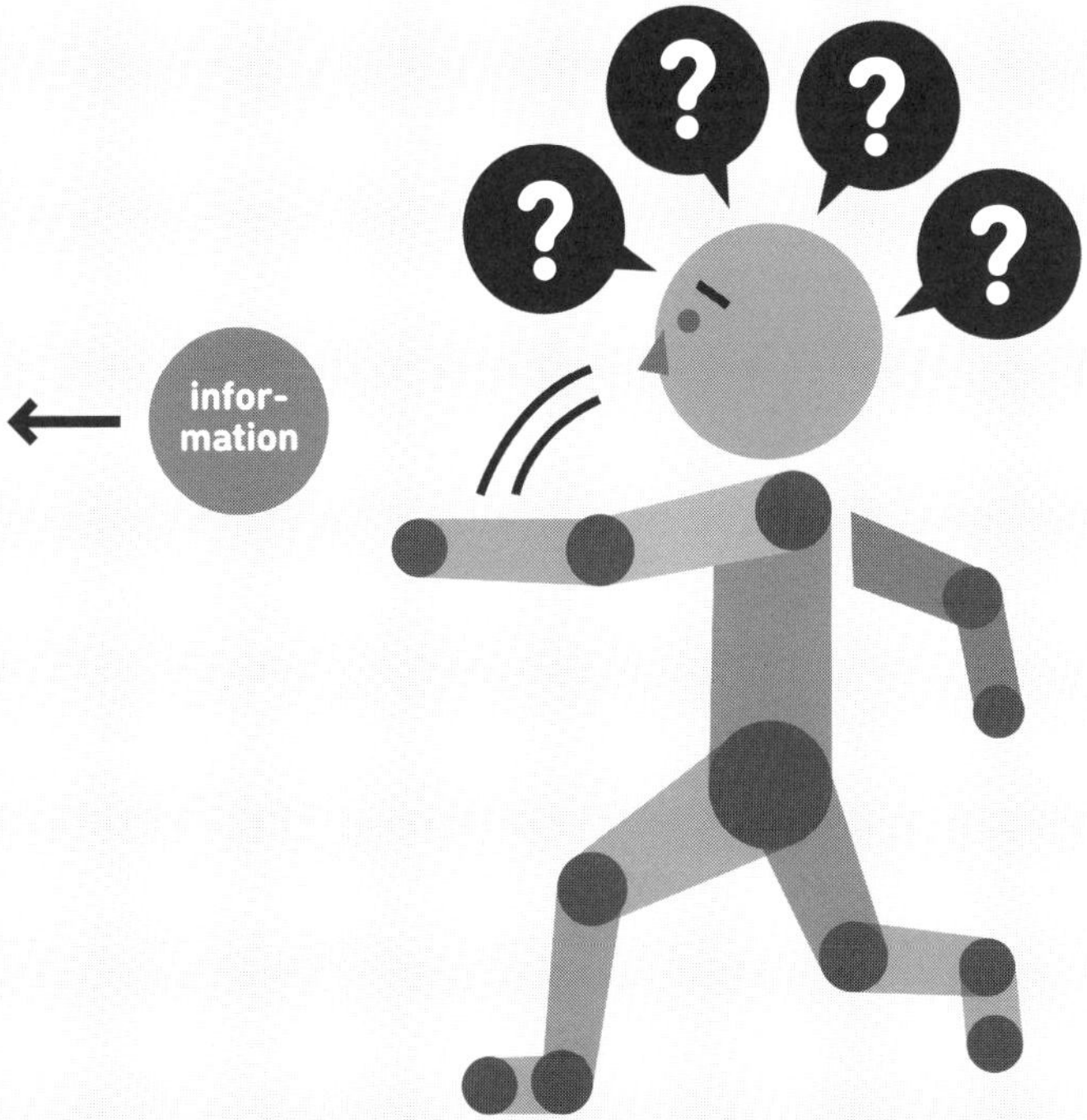

君も全世界に情報発信ができてしまう・・・・・

情報の、被害者にならない《賢《かしこ》い受け止め方》と、加害者にならない《正しい発し方》。第2章で前者を身に付けたので、今度は後者をいっしょに考えていこう。〈情報キャッチボール〉でたとえれば、ボール(情報)の《エラーしない捕《と》り方》の練習に続いて、次は《暴投しない投げ方》だ。

君はこう言うかもしれない。

「情報の発し方なんて、新聞記者とかテレビのアナウンサーとか、プロが学ぶことじゃないの? 自分は別に、マスコミ関係に就職するつもりもないし……」

いやいや、そんなことないよ。ネット時代の今や、君も現にいろんな情報を発しているんじゃないかな。スマホで友だちにLINEしたり、フェイスブックを書いたり「いいね!」で広めたり、ツイッターでつぶやいたりリツイート拡散したり、中には動画をユーチューブなどにアップしている人もいるでしょう。これら全部、まさに〈発信〉なんだ。

「でも、自分は友だちに情報を送っているだけだから、やっぱりプロとは違う」……かな？　でも君がユーチューブにアップした映像は、その瞬間から、地球の裏側にいる人たちもインターネットで見ようと思えば見ることができる。フェイスブックやツイッターの書き込みだって、友だちが反応すればどこまでも拡散していく可能性がある。個人的なやりとりに思えるＬＩＮＥですら、この本の一番最初で例に挙げたように、内容によってはどんどん転送されていくかもしれない。

だから、君はもう情報発信者として実は全世界に直接つながっているんだ。本職《ほんしょく》のマスコミ人と違って、そういう実感がない分だけ、かえって落とし穴に落ちやすく、危《あや》ういかもしれない。泳《およ》ぎ方をマスターしていないうちに、海に放《ほう》り込まれたようなもんだね。実際、軽い気持ちで発信した悪ふざけがあっという間に社会に広がって問題を起こし、本人がボコボコに批判されて「こんな大ごとになるとは思わなかった」とヘコむ事件、時々ニュースで見るでしょう。次は、それが君の番かもしれない。じゃあ、具体的に何に気をつければいいいんだろう？

確かに、情報を発信する時にプロのマスコミ人が常に考えるべきことと、君が気をつけるべきことの間には、レベルの差はある。たとえばテレビ局や新聞社だったら、「今日はこのニュースも落とさずに伝えなきゃな」という《網羅性》《もうら》がある程度求められるが、君にはそんな責任はない。「一方の主張を伝えたら、他方も必ず伝えなければ」という《中立性》も、君には要求されていない。「一刻も早く報道せねば」という《速報性》の義務もないから、自分が発信したい時にすればよい。

でも、プロ・アマ問わず、情報発信者なら誰もが持っているべき心構えも、あるんだ。たとえば、**《明確さ》と《正確さ》**、**《優《やさ》しさ》と《易《やさ》しさ》**。これらがちゃんとできているかな？　と自分自身に問いかけながら、発信していかなければいけない。この章ではそれを、「四つのジモン（自問）」という形で紹介していこう。

プロでもないのに、どうしていちいちそんなジモンが必要なのだろうか。繰《く》り返し言っているように、「自分がうっかり加害者にならないように」という理由が一番大きいけれど、それだけじゃない。情報キャッチボールには、常に相手がいるからだ。一人で壁打ちテニスでもやっているのでない限り、キャッチボールには必ず君の球を受け取ってまた投げ返してくれる人が必要だよね。ところが、こうしたジモンがちゃんとできていない球ばかり投げていると、相手はだんだんキャッチするための手を伸《の》ばしてくれなくなるんだ。《明確さ》がなければ、「君は何が言いたいの？」と理解されない。《正確さ》がなければ、「本当かな？」と疑われる。《優《やさ》しさ》がなければ、「こいつの話、イヤだな」と嫌われる。《易《やさ》しさ》がなければ、「難しくてわかんない」と敬遠される。見かけ上は仲良く会話していても、頭の中でこうして相手にされなくなると、君が投げたボールは、実は相手に届かずただポトリと地面に落ちているだけになる。それって、かなしいでしょう？

じゃあ、「四つのジモン」を確認しよう。おっと、その前に――

発信と受信は、コインの表裏
――まず、ギモン1〜4をそのまま自分に向け直そう

第2章で取り上げた四つのギモンをつぶやくと、情報の受け止め方が豊かになったよね。ということは、同じ四つを「相手から入ってきた情報」だけではなく「自分が送り出す情報」にも当てはめれば、同様に発信も豊かになるはずだ。新しい「四つのジモン」を紹介する前に、まずはオセロゲームのように、第2章の【ギモン1〜4】をパタパタと裏返して発信時用にザッと並べておこう。

＊ギモン1 まだわからないよね?
↓
1′ 発信を急ぐな

ネット時代は、飛び交う情報のスピードが一つの特徴だ。でも、何でもかんでも今すぐ伝えることが、本当に良いことなのだろうか。中には、「午後から雨だって天気予報が言ってるから、傘《かさ》持って出た方がいいよ！」というように、出掛ける前に急いで伝えなければ意味がない情報もあるけれど、日常生活の中でやり取りする情報の中には、そこまで一刻を争う必要はないものが、実はかなり多い。

誤報や虚報が瞬《また》く間にインターネットの中で広がってしまうのは、受け取った人が確認をせずにすぐ次の人へと転送してしまうからだ。情報を受け取った瞬間と同じように、発信しようと思った瞬間にも「まだわからないよね？」とつぶやいて、もう少し中身を確かめてから送信クリックをするようにしよう。たったそれだけの注意で、君は情報の加害者にならなくて済む。先ほども言った通り、君のＬＩＮＥやフェイスブック、ツイッターなどは、別にニュース速報の使命は担《にな》っていないのだから。

＊ギモン2 事実かな？ 意見・印象かな？
⬇
2′ なるべく仕分《しわ》けして表現しよう

たとえば、事例F（55ページ）をもう一回見てみよう。

……疑惑の△氏はこわばった表情で、記者を避けるように裏口からこそこそと出て行った。

君がこの情報を発信する側の立場で、「「△氏は裏口から出て行った」という事実だけでは味気ないから、自分が抱いた印象もやっぱり添《そ》えたい」と思うなら、右のように《事実》描写《びょうしゃ》と《意見・印象》をゴッチャに書かず、次のように仕分けて書こう。

△氏は、裏口から出て行った。疑惑の目を向けられている彼の表情はこわばって見え、まるで記者を避けるようなこそこそとした態度に、私には感じられた。

これは、63ページのように料理でたとえるならば、調味料を素材に混ぜて出さず、食卓に素材といっしょに並べて、食べる人の意思で素材だけ味わったり振りかけて食べたりできるようにしよう、ということだ。

もっとも、すべての料理でこの方法をとると、食べる人の側から「いちいち振りかけるのは面倒くさいから、時々は調理済みのも出してくれ」という要望も出るだろうし、作る側も「やっぱりときには、自分の味付けもそのまま味わってもらいたい」だろうから、あらゆる場合にこの仕分け方で発信せよ、というのは無理だ。ただ、この方法をとる方が、事実が曲がらずに相手に届きやすい、ということはぜひ覚《おぼ》えておこう。

＊

ギモン3 他の見え方もないかな？

↓

3′ なるべくいろいろな見方を伝えよう

前述の通り、発信のプロでない君に《中立性》を確保する責任はない。「私はこう思う」という一つの意見の発信をしても、かまわない。ただ、意見は一つでいいけれど、その意見を持った根拠としては「いろんな見方を検討した結果だ」とわかるような表現をしよう。そうしないと、相手(君の発する情報の受け取り手)に偏った思い込みを植えつけてしまうかもしれない。あるいは、「こいつ、ずいぶん狭《せま》い視野で判断してるな〜」とバカにされてしまうかもしれない。後で「しまった、こういう見え方も並べるべきだった」と気付いて、申し訳なく(ときには恥ずかしく)感じるくらいなら、発信前にこのチェックも行おう。

＊ギモン4 隠れているものはないかな? ➡ 4′ スポットライトの周囲にも触れよう

これもギモン3と同様で、なるべく広い視野を持って発信した方が、君の情報は説得力も信頼感もカッコ良さも高まる。逆に、狭いスポットライトの中だけがすべてであるかのように受け取れる表現をしていると、「すべてがこうだと言うのか！」「そうは言ってない、お前こそ揚げ足とりするな！」と余計な衝突を招いてしまう(特に、字数が限られているツイッター上などでの喧嘩《けんか》を見ていると、この《すべてだなんて言ってないだろパターン》が非常に多い)。こうなると、せっかくの情報キャッチボールが新たな対立の原因となって、議論が先に進まなくなってしまう。

――さて、以上のように前章の四つのギモンを裏返して発信時の土台を固めたところで、ではここからが第3章の本題。今の土台の上に載《の》る、発信時特有の四つのジモンに話を進めよう。

ジモン1 何を伝えたいの？――《明確さ》

誰かに情報を発信する前に、まず「私はいったい、何を伝えたいのか」を自分自身の胸に取材しよう。情報を受け取った相手に、要するに何をわかってほしいのか。どうしてほしいのか。そのことをハッキリさせることによって、情報の発信の仕方、内容や表現が明確になってくる。ここが定まらないまま、なんとなく出された情報は、意味不明で受け手を戸惑わせてしまう。たとえば――

事例O 東日本大震災発生後の、首相や官房長官《かんぼうちょうかん》会見の服装

3・11の震災発生直後から数日間、東京の首相官邸《かんてい》では何回も総理大臣や内閣官房長官の臨時記者会見が行われた。その時、壇上に現れる首相も長官も、その脇に居並ぶ政府首脳たちも、皆が青い防災服の上下に身を包んでいた。

君も、テレビのニュースやインターネットで、そういう場面を見た覚えがあるんじゃないかな。情報というのは、発する言葉だけがすべてではない。たとえば目に見える部分で言えば、言葉を口にする時の表情(自信満々か不安げか)、お辞儀《じぎ》の角度(誠実かシブシブか)、しゃべり出すまでの沈黙など、いろいろなところから人は自然に情報を読み取っている。だから、「どんな服装を選んでいるか」も情報の一つだ。

東日本大震災発生後の枝野幸男官房長官(当時)の記者会見(2011年3月15日，写真提供＝共同通信社)

官邸の中では特に危険な作業や力仕事をすることもないから、普段のスーツ姿からわざわざこの衣装《いしょう》に着替える現実的な必要性は、別になかった。ただ、有事にリーダーがこうした服装になるのは、特に日本に限った慣行でもないようだから、いわば「平時ではないことの表現」

「現場(まさにこういう服装が必要な人たち)と指揮官は一体なのだというメッセージ」のような意味合いなのだろう。

ところがこの時に限っては、日本の被災状況が詳《くわ》しくつかめない外国の人々の一部に、この会見映像が思わぬ〝情報〟となって受け止められてしまったらしい。

「大変だ、トウキョウの政府首脳までがこんな格好をしている。日本はもう首都の中枢まで壊滅的な状態なのか、あるいは放射能《ほうしゃのう》が迫《せま》っているのか」

――そんな不安が海外の一部で発生しているから留意を、という非公式な通報が、当時官邸内の内閣広報室《ないかくこうほうしつ》で勤務(58ページ参照)していた私の耳にも届いた。大事故を起こした原発の名称が「東京」という語で始まること(「東京電力福島第一原子力発電所」)とも重なって、この防災服という〝情報〟が、遠方の受け手を戸惑わせてしまったのだ。

あの時、スーツからこの服装にあわただしく着替えながら、正直言って私も、「この更衣《こうい》というアクションによって我々は国民や世界の人々に《何を伝えたいのか》」、「どんな受け止められ方が生じる可能性があるのか」を考える余裕もなく、まさに〝なんとなく”慣習に従ってしまった(あの場合は、スーツのままで通すか、防災服になっても誤解を招かぬような別の情報とのセットを工夫するか、どちらかの対応を採《と》るべきだった)。広報担当者の一員として、ジモン1が頭に浮かばなかったのは、とても恥ずかしいことだったと反省している。

事例P　シンポジウム「地下鉄サリン事件から二〇年を迎《むか》えて」

事例Cの松本サリン事件から九カ月後の一九九五年三月二〇日朝、同じオウム真《しん》理《り》教《きょう》団《だん》によって今度は通勤ラッシュの東京都心の地下鉄の車内に猛《もう》毒《どく》のサリンガスがまかれ、六〇〇〇人以上が死傷する大惨事が発生した。

君たちがまだ生まれる前のことかもしれないけれど、今でも時々テレビなどで取り上げられているね。この事件に巻き込まれたサリンガス中毒被害者たちのその後の健康診断を地道に無料で担ってきた、「リカバリー・サポート・センター」という医療関係者中心のＮＰＯ団体がある。この団体が、事件から二〇年の節目を迎える二〇一五年の三月、記念シンポジウムを開くことになった。前年の夏、初めてそのイベントについて打ち合わせが行われた時に付けられたタイトルの原案が、**事例P**の文言だった。

まだ中身について何も詰めていない、「とにかく二〇年だから何かやりましょう」という内容の曖昧《あいまい》さが、そのまま表れたタイトルだ。本人たち自身が、これによって《何を伝えたいのか》がはっきりしていないと、発信はこのように不明確になってしまうのだ。これでは、イベント情報を受け取った側も戸惑うばかり。「あれからもう二〇年、月日の経つのは早いですネ」とただ当時を振り返るだけの会合なのか？

たとえば、被害者たちの現在の思いや社会的状況について伝えたいのならば、タイトルは「事件から二〇年後の被害者たちは今」。診断データの蓄積を医学的に発表したいのなら、「二〇年の検診から見えたサリン被曝《ひばく》の症例」。同じような事件の再発防止に重点を置きたいのなら、「あれから二〇年、化学テロ対策は進んだか」。――このように、《何を伝えたいのか》が自分たちでハッキリすれば、自然と発信の表現も明確さを増す。

この「リカバリー・サポート・センター」の理事を務めている私は、事例Pのままではさすがにマズいと思い、理事会にジモン1を提起して皆でじっくり詰めた。その結果、「今後のこうした大災害時に立ち上がる支援活動NPOが一から参考にできるように、自分たちの活動のまとめを伝えよう!」ということになり、最終的に次のようなタイトルを発信することができた。

「地下鉄サリン事件から二〇年——民間団体ができたこと・できなかったこと」

原案(事例P)と見比べてみれば、ジモン1の効果は明確だ。君も、自分で何か発信する時には、ぜひ事例Oを反面教師に、事例Pの修正をお手本にしてほしい。

たとえば、うんと身近な例。君が遊びの幹事で、すでに伝えてある集合場所を、ある駅の西口から東口に変更することを皆にLINEで知らせる時、どう書くかな?

事例Q 「明日は九時に、○○駅の東口改札集合!」

これだけでは、この文中の《何を伝えたいのか》、ポイントがよくわからず、すでに伝えてあることをただ再確認で流しているだけだと思って見過ごされてしまうかもしれない。ちゃんと伝えたいことを明確にして、

「明日九時の集合場所、変更。○○駅の西口じゃなくて東口改札！」

と書けば誰もうっかり素通りしない。「ちゃんと知らせたのに〜」というエラーは、これだけでずいぶん減らせるよ。

ジモン2 キメつけてないかな？——《正確さ》

もちろん、ジモン1で自分が伝えたいことが《明確》になったら、次はいよいよ一番肝心《かんじん》の《正確さ》。「嘘《うそ》を言ってはいけません」なんていう当たり前の話を、今さら説明する必要はないよね。ジモン2でチェックしてほしいのは、自分は正直なつもりなのに、伝える

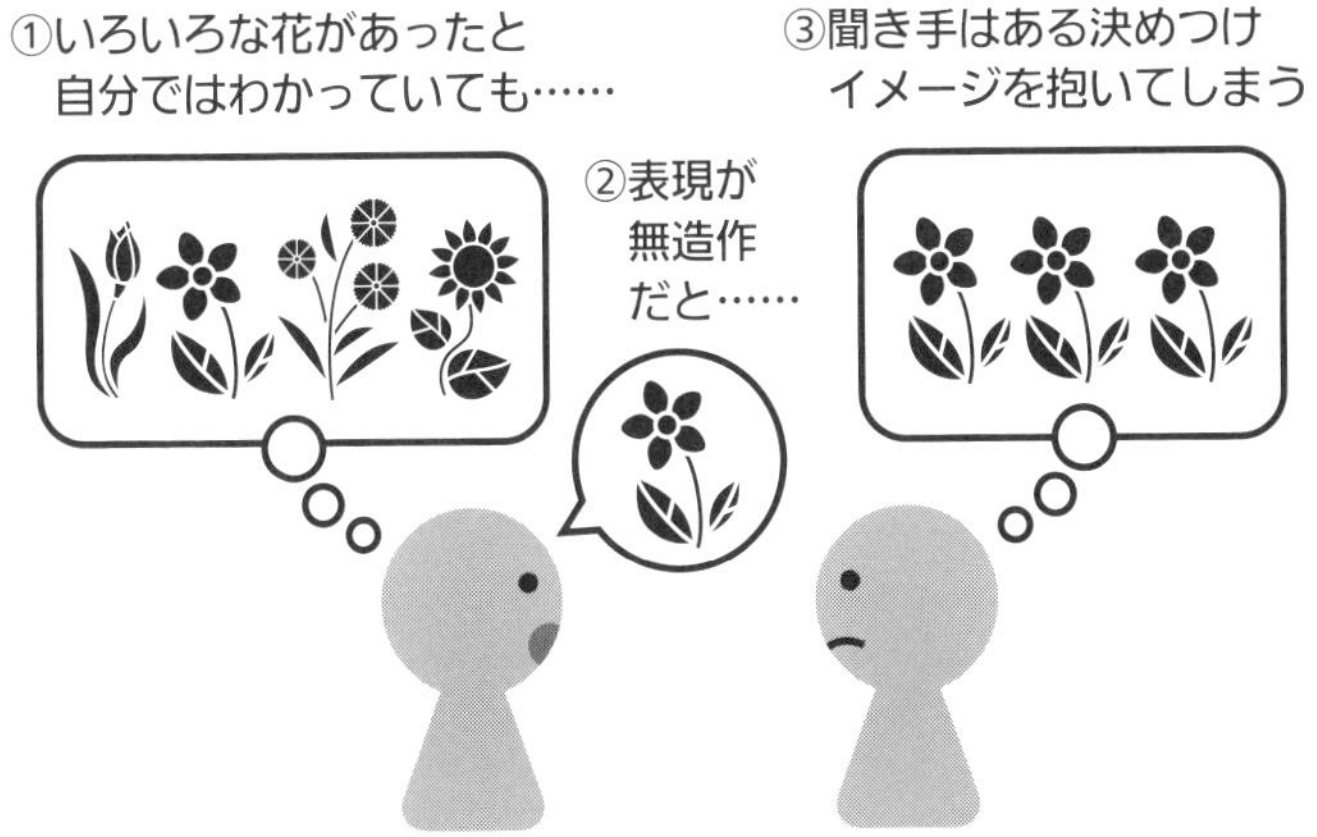
①いろいろな花があったと
自分ではわかっていても……
②表現が
無造作
だと……
③聞き手はある決めつけ
イメージを抱いてしまう

時の表現の仕方によって、あるイメージの決めつけや押しつけになっていないかな、それによって正確さが失われて、結局「不正確なこと（＝嘘）を言った」のと同じことになってしまっていないかな、ということだ。

せっかく【ギモン1〜4】を身に付けて自分は《思い込み》から解放されるようになったのに、ちょっとした表現の無造作さから情報の受け手をある《思い込み》に誘導《ゆうどう》してしまったら、あるいは君自身が「あいつ、思い込んでるな」と誤解されてしまったら、とっても不本意だよね。

たとえば――

事例R　野田佳彦《のだよしひこ》総理大臣の「原発事故収束《しゅうそく》宣言」

「原子炉《げんしろ》が冷温停止状態に達し、発電所の事故そのものは収束に至った」

（二〇一一年一二月一六日、首相記者会見）

これは、あの原発事故発生から九カ月余り後に、当時の首相が記者たちに向かって発した言葉だ。しかし誰もが知っている通り、この宣言から何年も経った今現在、まだあの原発事故はちっとも「収束」していない。ではなぜ、一国の総理大臣が、こんな早い時点で「収束」と《決めつけ》る言葉を使ってしまったんだろう？　野田首相は、本当に収束したと《思い込み》をしていたんだろうか？

もちろん、答はNOだ。この時の会見の中でも、実は首相は、除染《じょせん》・瓦礫《がれき》処理・避難《ひなん》者の帰宅など、まだまだ課題は多いと前置きしていた。そういうことをわかっていながら、「原発それ自体につきましては」安定して冷却水が循環《じゅんかん》し、原子炉底部と格納容器《かくのうようき》内が一〇〇℃以下に保たれていることを確認した、ということで「収束」という言葉を使ってしまったのだった。

当時まだ内閣広報室には在籍していたものの、職場は首相官邸から別の建物に移っていた私には、この総理会見の原稿作成の経緯はわからない。事情はどうであれ、ここでの問題は、それが《どう受け止められたか》だ。特に、この事故で避難《ひなん》生活を余儀《よぎ》なくされている人たちは、「こう宣言することで、対応を終わりにしようと狙っている政府のホンネが見えた」「現に我々がまだ元の暮らしにまったく戻れていないのに、政府としてはこれで解決と言うのか。我々は棄民《きみん》(棄《す》てられた国民)なのか」と憤慨《ふんがい》した。

まさに113ページの絵のようだ。様々な未解決課題を頭の中では浮かべつつ、口から出たのが「収束」というシンプルな言葉だったために、聞き手は「すべて収束とキメつけるのか！」と受け取る構図。野田首相が不本意だろうと、現にそう受け止められてしまったのだから、これは情報キャッチボールの暴投と言われても仕方ない。世界への安心アピールといった効果を考えに入れてもなお、この場面では、「収束」という言葉は現状を表現するには非常に不正確で、それだけ強いキメつけ力があった、ということだ。

事例S
「原発事故で故郷《ふるさと》を奪われた」

この表現をニュースなどで耳にすると違和感を覚える、とある原発事故避難者の方から聞いた。ただ事実を言い表しているシンプルな表現のように思えるけれど、なるほど注意深くチェックすると、ここにも不正確なキメつけの危うさが隠《かく》れている。

「故郷」を奪われた、という表現を使うと、都会で生まれ育った人の中には、内心でこんな受け止め方をする人が出てくるかもしれない。

「そもそも私には、奪われる故郷自体がもともとないんだよ。だから避難している人たちも、いつまでも「故郷」なんかにこだわらずに、新しい土地に気持ちを切り替えればいいのに」

でも、実は福島から避難している人たちがあの事故で突然奪われたのは、「故郷」という〝遠くにありて思うもの〟ではなく、あの日まで普通に暮らしていた「日常生活の場」だ。だから、これは都会で生まれ育った先ほどの人にも、そのまま当てはまる話なんだ。いま住んでいる東京のマンションを、大阪の家を、ある日突然、荷物を残したまま出て行かなくてはならない。それがあの事故避難の方々に降りかかったことなのだ。

ところがそこに「故郷」という表現が使われた瞬間に、都会人の中には右のような「あの人たちは、私が元々持ってないものを奪われただけなんだ」という無意識の決めつけが起こる可能性が出てくる。そういうイメージが立ち現れると、「日常が奪われたんだ」という当たり前の気付きが霞《かす》み、《自分の痛み》として想像することが阻まれてしまいかねない。

この例でも、「故郷を奪われた」というシンプルな表現をしている発信者本人は、当然頭の中では「先祖伝来の重みのある土地でもあり、日常生活の場でもあった土地を奪われた」のだという二重の事実を知らないわけではない。ちゃんと知ってはいるけれど、ただ表現の仕方によって、それがゆがんで伝わる恐れを自ら生んでしまっている、ということがポイントだ。

ここまでの二つはちょっと難易度の高いケースだけれど、普段の君たちのやり取りの中では、このキメつけ表現は、もっとずっと簡単なレベルでしょっちゅう発生している。

たとえば、君がバックパッカーで世界を旅していて、ほとんど日本人が行ったことのない珍《めずら》しい村を訪ねたとしよう。見回したら、あっちにもこっちにも、村の三分の一近くの家の入口の扉に、同じ形の不思議な飾《かざ》りが掛けてある。君はそのうちの一軒の写真を撮《と》ってフェイスブックに載せ、こんなコメントを添えた。

事例T 「この村、そこら中の家の扉にこの飾りがあるよ！」

これを読んで、日本の友人たちはどう受け取るだろう？　村の九割ぐらい(もしかしたら全部？)の家にこの飾りがある光景を勝手に想像の中で決めつける人も、続出するんじゃないかな。ジモン2で「あ、〝そこら中〟はキメつけを起こすかも」と気付いたら、発信する前に書き直そう。

「この村、三軒に一軒ぐらい、家の扉にこの飾りがあるよ!」

実は全部でないとわかっているのに、つい簡単に「みんな〇〇だ」と言ってしまったり、キメつけになってしまうという自覚もなくポロッと「絶対」という言葉をつけてしまったり。「△君が、遅くなった理由を説明していたよ」と言えば「何か事情があったんだな」と受け取られるのに、無造作に「△君が、遅くなった理由を弁解していたよ」と言ってしまって「△君が悪いんだな」というイメージを相手の中で決めつけさせてしまったり。

まるで、自分の頭の中にせっかく描けている広々とした風景のイメージを、窓をわざわざ狭めて相手に見せているようなもんだね。あるいは、カラフルな情報を、白黒コピーして相手に渡している感じ。この世の中は、名前すら付いていないような色も含め、総天然色で溢れてる。決して、白と黒だけで表現できるものじゃない。だから、君の情報発信もできるだけカラフルに表現するよう、努めよう。

ジモン3 キズつけてないかな？――《優《やさ》しさ》

最近、「ヘイトスピーチ」が社会的な問題になっている。「○○死ね」「この国から出ていけ」など、憎悪(hate＝ヘイト)を持って、わざと相手を傷つける言葉をぶつけることだ。そのような行為は論外だし、「自分はそんなことはしないから、ジモン3は関係ない」と君は思うかもしれない。

ところが、悪意がない情報発信でも、無意識に相手を深く傷つけてしまう場合も、実は少なくないんだ。そんなつもりじゃなかったと後悔する前に、このジモン3で、「この表現で誰かを傷つけてないか」確認する習慣をつけよう。目指すは、《言葉の非暴力》。

事例U 「まだわからないよね」

実際に起きたある残虐な殺人事件で、一家の中で一人だけ生き残ってしまった子どもがいた。犯人は不明だったが、一部ではその子自身が犯行グループの仲間だったのではないか、という心ない噂《うわさ》もささやかれていた。そんな状況の中で、私が事件についてその子の関与説とは異なる方向で取材結果をリポートした際、スタジオにいた出演者の中の一人がポロッと疑《うたぐ》り深そうにつぶやいたのが、この一言だ。

あまり詳しく書くと、また噂に再点火させてしまうので中身には触れないが、皮肉にもこれはギモン1で私が真っ先に君に勧《すす》めた言葉と同じなので、あえて紹介したい。犯人がわかっていないこの時点で、「まだわからないよね」は、確かに思い込みの狭い窓を広げる大切なキーワードだ。しかし、そんな言葉ですら、使い方を間違えると、「ホントはこの子が怪しいよね」という印象を受け手に与えて、打ちひしがれている人をさらに叩《たた》きのめす、非情な凶器にもなりかねない。

これって、たとえばクラスの中の盗難事件の犯人探しがＬＩＮＥの話題に上った時など、すぐにも起こりそうなことだよね。「△君は、そんなことしないよ」と誰かが書いて、それに君が面白《おもしろ》半分に返した「いやいやいやー、まだわからないよ」といった何気ない一言が、無実の級友を追い詰める空気銃の引き金になってしまうかもしれない。つまり、同じ言葉でも、〝情報の暴力〟のブレーキとして働きそうな場面（事例C）では使うべきだし、逆にアクセルになりそうな場面（事例U）では軽率に口に出さず自分の腹の中に留めておこう、ということだ。

事例V 「ユニークフェイス」とモザイク

顔に大きな傷やあざ、変形などがある人たちは、その〝見た目〟だけのために世間の人たちから白い目で見られたり、いじめられたり、ときには就職差別を受けたりすることがある。そうした被害に遭っている方々自身が結束して、そんな差別や偏見《へんけん》のない社会を作っていこう、と取り組む「ユニークフェイス」というＮＰＯ団体が、かってあった。ある時、この団体を取材した某テレビ局が、画面に登場するユニークフェイスの代表など当事者たちの顔に、自分たちの判断でモザイクをかけて放送した。

テレビ局の側には、もちろん悪意はまったくなく、こうした活動を報道することによってこの団体を後押ししたい、という善意の意図もあっただろう。この代表の顔には、くっきりと半分、ワインレッドの鮮明《せんめい》なあざが広がっており、それをモザイクで隠そうというのも、局側としては〝善意〟のつもりだったのだろう。

しかし、この放送を見て、ユニークフェイス側は「我々を侮辱《ぶじょく》、嘲笑《ちょうしょう》する行為だ」と激怒した。当たり前だ。顔によって世間から排除をするな、と真剣《しんけん》に訴えている団体のメンバーの顔を、モザイクによって画面から排除したのだから。

もちろん、ユニークフェイスの当事者の中にも、「会合の場では素顔を出しているが、テレビ放送ほど大勢に届く場合には、やはり顔はさらしたくない」という人もいるだろう。当事者たちに確認も取らずに一律にモザイクをかけるのも、全員の素顔をいきなり放送するのも、どちらも無造作。デリケートなテーマを発信したい者は、一人ひとりの思いにきちんと個別対応することが必要だ。「悪気はなかったんだから、いいじゃないの」と発信者側が主張したって、それで傷つけられた人が納得できるわけがない。

ではここで一つ、身の回りの実例から頭の体操をしてみよう。

事例W　車いす使用者向けの、押ボタン説明掲示

下の写真は、私がある駅のエレベーター内で見かけた、扉開閉ボタンの説明文だ。「こちらのボタンを操《そう》作《さ》しますと、通常より開閉に時間が掛かります」と書いてある。車いすの人は、狭い場所からの出入りに少し手間取るから、専用ボタンを押すと普通のボタンの時より長めにドアが開き続けるんだね。その機能を説明してるわけだけど、この表現って、どうだろう？

想像しよう。忙しい大勢の乗客が無言でひしめくエレベーター内で、君は車いすに乗っている。その人たちの目の前で、「これを押したら時間が掛かる」(＝皆に迷惑《めいわく》が掛かる)と書いてあるボタンを押すのって、ちょっと心のハードルが高くならないかな?

おそらくこの掲示を書いた駅員さんは、一般客が読むことだけを意識して、この表現をしたんだろう。もしかしたら、急いでいるエレベーター利用者が乗り込んで来て通常のボタンだと思ってこの専用ボタンを押し、「なかなか閉まらないじゃないか!」と駅員にクレームをつけた——といった出来事が、この貼り紙を作るきっかけとなったのかもしれない。ジモン3は、おそらくまったく頭に浮かばなかったのだろう。

では、どう書いてあれば、車いすの君は抵抗感なくボタンを押せるだろうか。その立場になりきって、次の空欄部分だけ、ちょっと変えてみよう。

こちらのボタンを操作しますと、通常より開閉【　　　　】

さて、どう書いたかな。表現というものに正解は一つだけじゃないけど、こんな感じだとどうだろう。

こちらのボタンを操作しますと、通常より開閉をゆっくりできます。

これなら、一般乗客にも必要な情報は伝わるし、君がボタンを押す時も、事例Wよりはずっと心地良いよね。

何も考えずに発信して傷つけてしまった、事例U。思慮《しりょ》の浅い善意のつもりで相手を逆に傷つけた、事例V。傷つけるというほどではなくとも、決して気持ち良くはない事例W。これらを防ぐジモン3は、ネット時代の今、ますます大切になってきている。なぜなら、ネットではよく「炎上《えんじょう》」という現象が起きるから。君の手元を発する時にはちょっとした小さなトゲだったのに、ネットの世界であっという間に広がって、発信者である君の意図や元の表現とは比べ物にならないぐらいにエスカレートした斧《おの》となって、相手を斬《き》り付けてしまう。そんなことが、しょっちゅう起きている。

事例Cの松本サリン事件の当時(一九九四年)、河野《こうの》さん宅に押し寄せた批判・非難のたくさんのファックスの発信者たちは、わざわざ紙に文章を書き、ファックス機に差し込んで番号を調べてプッシュし、電話代を自己負担していた。手紙を送った人たちは、河野さんの住所を調べ、封筒・便せん・切手代やハガキ代を自分で払い、わざわざポストまで出かけて行って投函《とうかん》した。大変な数ではあったが、それでも《そういう労力を惜しまない人だけ》に、人数は絞《しぼ》られていた。そしてまた、それらの手紙やファックスは、河野さん一家の目に触れるだけだった。

もし今、あの事件が起きていたら、どうだろう。河野さんのブログかツイッターかフェイスブックか、とにかく送り先を見つけるのはごく簡単。そこに向けて正義感に燃えた人々が、やすやすとパソコンやスマホから非難の言葉を発信する。しかもそれらの悪口雑言は、一般の人々も目にすることができて、ますます痛烈に相手を叩く表現へと盛り上がっていく。河野さんが受ける苦しみは、十分に辛かったあの当時よりもさらに、比べ物にならないほど深刻なものになるだろう。

これは、社会規模の大人によるネットいじめだ。そしてもちろん学校規模でも、君たちの身の回りでネットいじめはいとも簡単に発生する。いつ君自身が、被害者や加害者になるかわからない。あるいはもうすでに、なっているかもしれない。

だからといって、「インターネットは悪いものだから、もう使うのはやめましょう」というわけにはもちろん行かない。車で人をはねてしまっても、悪いのは車自体ではなく、運転を誤った人間だ。インターネットで人が傷つくのも、同じこと。ならば、インターネットを使う私たちが、ジモン3を常に意識するしかない。

発信には、優しさを。「優しさ」と言うと、なんだか〝上から目線〟で偉《えら》そうに感じてしまう人がいるけれど、目上の人や同じ高さにいる隣の人を気遣《きづか》うのだって、優しさだから。

ジモン4 これで伝わるかな？――《易しさ》《やさ》

《優しさ》《やさ》と並んで、もう一つ大切な〝やさしさ〟がある。それは、《易しさ》《やさ》――つまり、簡単さ・わかりやすさだ。私たちは、何か情報を発する時、つい自分が持っている知識量を基準にして言葉を決めてしまいがちだ。でも本当に大切なのは、情報を受け取ってもらう相手側の持っている知識量。そこに合わせた表現をしなければ、せっかく投げたボールもキャッチしてもらえるはずがない。

知識量と言うと、「物知りの学者が素人に説明をする時には、難しい専門用語を使うな」という話のイメージだが、実は、それだけではない。君たちの日常の情報キャッチボールにも、大いに関係があるんだ。たとえば君は、日本中のどのノーベル賞受賞者よりも、「最寄駅から君の家までの道順」についての知識が豊富なはずだ。もしその道順を教えてあげることになったら、相手のノーベル賞学者さんが「少しはこの街について知ってる人」か、「まったくこのあたりに来たことがない人」かによって、説明の仕方を変えるでしょう？　その時、説明レベルを決めるキーワードになるのが、ジモン4「これで伝わるかな？」だ。

この「伝わる」という言葉は、「伝える」とはまったく意味が異なる。「伝える」は《自分が発する》こと、「伝わる」は《相手に届く》こと。手紙にたとえるならば、「伝える」は便せんに書いて封筒をポストに入れるまでのこと。「伝わる」は、相手がその封を切って便せんの中身を読んで理解した瞬間を指す。

内閣広報室の仕事をしていた頃、よく各省の官僚が、わけのわからない役人言葉でパンフレットを作り、それを目立たない役所のカウンターに置いて、「ちゃんと伝えました」と満足していることがあった。そんな時私は、いつも「「伝えました」はいいけれど、「伝わりました」と言えるんですか？」と反問していた。

肝心なのは、「伝わる」ことだ。まずは、最初にイメージした通り、少々科学的なケースから。

事例✕ 「ケーキ一〇〇グラムの中に、◇◇菌が五〇個」

某・菓子メーカーの衛生管理が社会問題になった時のこと。私もテレビ番組の取材で、あるケーキ工場に取材に行った。そこは、衛生管理に自信のある別メーカーの工場で、いわば〝お手本〟となる万全な管理体制を取材するのが目的だった。インタビューに応じた工場長は胸を張って、「うちのケーキには、一〇〇グラム当たり◇◇菌が五〇個程度しか入っていないんです」とデータを示した。※

しかし、そのデータをそのまま私たちが放送することを、工場長はとてもイヤがった。「◇◇菌は平均して一〇〇グラム当たり二〇〇個までは入っていてOKなのだ、という予備知識を持っていない一般の消費者に、ただこの〝五〇〟という数字を伝えたら、誰

※ここに示す数字は架空。実際の取材の際には、もっと詳細なデータだった。

もこのケーキを買ってくれなくなってしまいます」というのが、工場長の心配だった。

　この心配は、正しい。「菌が五〇個」というデータをいきなり視聴者に伝えてしまえば、「え？　あのケーキには、そんなに菌が入ってるの！」と受け取られてしまう恐れは、確かにある。詳しい同業者同士の会話なら、単に「五〇個」と言っても「それは衛生的ですね！」という反応が返って来るだろうが、相手（一般視聴者）のことを考えて「これで伝わるかな？」とジモンすれば、すぐに「この表現だけでは大変な反応が起こるかもしれないな」と予想がつく。

　この場合、耳に残るナレーションでは「安全基準の四分の一程度」といった誤解を生じない表現を選び、その上でデータとして「安全衛生基準＝二〇〇個／今回検出＝五〇個」といった生データを示すのが、一番誤解や混乱なく〝伝わる〟表現法だろう。

　今、このジモン4が不十分で最も深刻な情報キャッチボールのエラーを起こしているのが、原発事故問題だ。福島第一原発から放出された放射性物質の影響は、いったいどの程度なのか。「今後どうなるか本当にわからない」部分が多いことがこの問題をややこしくしているが、少なくとも「ほぼ確かに言える」事柄についても、多くの専門家たちの説明は非常にわかりにくくて、一般の人々の間にたくさんの混乱を引き起こしている。「放射能の影響をゼロに近づけるためだったら、どんなに今までの日常生活が犠牲《ぎせい》になってもいい」という話なら簡単だが、現実はそんなに単純ではない。《放射能の不安をできる限り小さくすること》と、《日常生活の変更をできる限り小さくすること》の折り合いはどこかで必ずつけなければならないのだから、「ここまでは大丈夫」という情報を ジモン4 を重ねながらわかりやすく更新していくことに、専門家はこれからもずっと全力を挙げ続けなければならない。

次は、うーんと身近な例。

事例Y 「夕方五時に、△△駅の改札前で会おう」

ごく最近、私は息子にこんなメールで、会う約束を指示していた。ところが、五時を過ぎても、その場所に息子は一向に現れない。なんと、△△駅はJR線の駅と私鉄線の駅の二つが離れていて、私はJR駅の方の改札前、息子は私鉄駅の方の改札前で、それぞれお互いを待っていた。

白状するが、私はこの△△駅の構造はよく知っていた。にもかかわらず、約束を交わした時にジモン4をついサボり、「これで伝わるかな？　息子が、勘違《かんちが》いして私鉄駅の方に行く可能性はないかな？」と少しも思いめぐらせなかった。事例A-4の市議さん（26ページ）のように、「なぜこのようなミスをしてしまったのか、自分でもわからない。思い込みというのは本当に恐ろしい」と唖然とした。「自分がわかっていることは、当然相手もわかっているはずだ」という根拠のない〝確信〟は、相手が近い関係の人であるほど、発生しやすいのかもしれない。

ここまでさんざんいろいろな事例を解説してきた当人が、最後にこんなオチを付けてしまってお恥ずかしいが、このように、ここまで見てきた《四つのギモン》と《四つのジモン》は、マスターしたつもりでも時々スルッと抜け落ちることが、たぶん生涯ある。いつも注意していたら疲れてしまうが、特に大切な情報キャッチボールをする時には、しっかりと確認しよう。

まとめ！

《思いやり力》と《汗の総量一定の法則》

以上の【ジモン1〜4】を単語一語でまとめるならば、《思いやり》ということだ。いろいろなテクニックは忘れても、自分が情報を発信する時に受け手の身になって、「これで分かってもらえるかな？　もっと伝わりやすい表現があるんじゃないかな？」と一生《いっしょう》懸命《けんめい》考える姿勢《しせい》さえ忘れなければ、大丈夫。突き詰めて言えば、《表現力》とは《思いやり力》なのかもしれない。

発信側がうんと汗をかいて思いやりたっぷりに情報を投げれば、受け手の側はほとんど汗をかかずに楽にそれを受け取れる。逆に、情報の送り手があまり汗をかかずに適当な発信をすると、受け手の側がそれを理解するためにあれこれ考えて汗をかかなければいけない(それが面倒だと、受け手は情報のキャッチを拒否してしまう)。

つまり、送り手と受け手がかく汗を足し算した総量は、たぶん一定なんだ。一方がたくさん汗をかけば、その分、他方の汗は少なくなる。だから、いい発信をしたければ、自分が汗をかくことを面倒くさがらないようにしよう。

第4章

情報のキャッチボールが社会をつなぐ

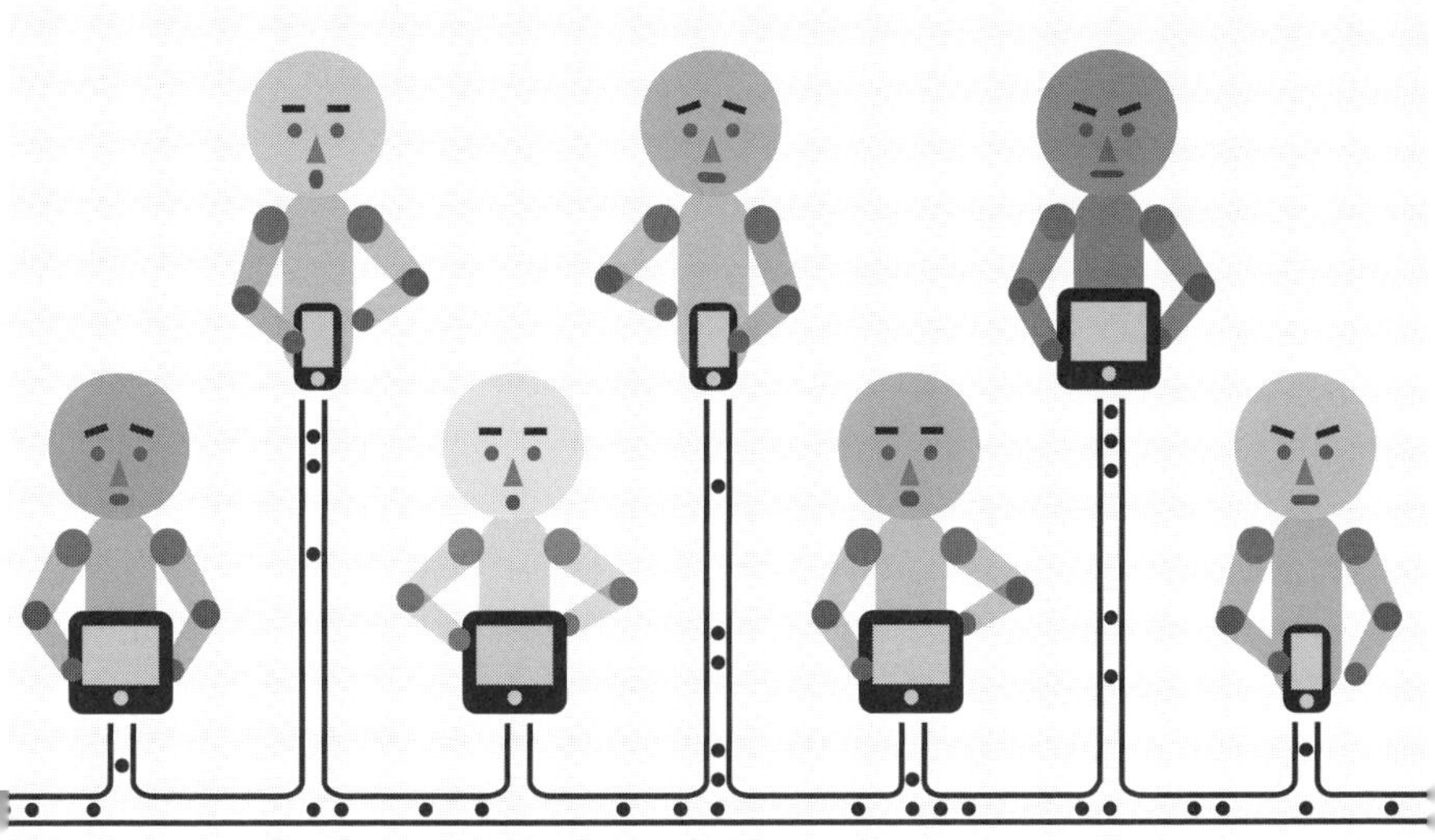

インターネットを離れても

ここまで、情報のキャッチボールの仕方をいっしょに考えてきた。「情報をしっかり受け取るための四つのギモン」、そして「情報をしっかり届けるための四つのジモン」。第2章の最後で確認したように、四つのギモンは、普段、君が食事や道を歩く時にごく普通に気をつけていることと、実はぴったり重なっていた。四つのジモンは、実は「思いやり」というたった一つの言葉にまとめることができた。

これらの情報キャッチボール技術は、インターネット時代に突入した今、格段に必要とされていることではあるけれど、実は「インターネット時代だけに必要とされている新しいテクニック」ではない。「自分はスマホもパソコンも使わずに生きていく！」と決心している人でも、家族や友人とより良いコミュニケーションが取りたかったら、やはりこれらの技術は土台として持っていた方がいい。これらを身に付ける必要がないのは、「一生、無人島で一人で生きていく！」と決めた人だけかもしれない。

四つのギモン＋四つのジモンをみんなが身に付けて、きちんと情報のキャッチボールができるようになれば、友だちとのＬＩＮＥのやり取りやネットでの調べ物だけでなく、いろんなことが変わってくる。

たとえば、君の学校の学級会やホームルーム、部活やサークルなどの話し合い。議論がかみ合わなかったり、堂々巡りでちっとも先に進まなかったり、売り言葉に買い言葉の言い合いになったりすることは、ないかな。相手の意見を誤解して、意味なく腹を立てたり、意識せずに誰かを傷つけて、クラスや部活の雰囲気を壊したりはしていないだろうか。相手の言っていることをきちんと理解して、自分の意見がきちんと相手に届くようにできれば、それらのほとんどは乗り越えられるかもしれないよ。

大人になってからも、同じだ。ＰＴＡの会議で、思い込みにとらわれて先生に食ってかかっている保護者の人や、その人にうまく現状を説明できず火に油を注《そそ》いでる先生はいないかな。職場のミーティングで、無造作な上司の言葉に傷つく部下、視野の狭《せま》い部下の報告にイラ立つ上司はいないかな。町内会やマンション管理組合の集まりで、何が言いたいのかまとまらずに延々と一人でしゃべりヒンシュクを買ってるおじさんはいないかな。国会中継を見ていて、議員の質問と政府の答弁がまるでスレ違ってるとイライラすることはないかな。

四つのギモン＋四つのジモンを皆が使いこなせば、あちこちで水道管の詰《つ》まりが直ったように、スムーズに情報が流れ始めるかもしれないよ。

民主主義は情報キャッチボールへの参加から

そうやって水道管の詰まりが取れると、元気になってくるものがある。それは、《民主主義》だ。この言葉、聞いたことはあるよね。自分にはあまり関係のない、難しい政治の専門用語みたいに君は思っているかもしれない。でも、実はとても身近で簡単なことなんだ。学級会やホームルームで、少数意見を丁寧に聞いた上で何かを多数決で決めることも、民主主義。いろんな人が、いろんな意見をもって、それらを出し合って、みんなで社会のこれからを決めていこう、というのが民主主義の考え方だ。

民主主義がまともに働くためには、一人一人がきちんと自分の意見を決められるだけの《判断材料》をもてなければいけない。それには、ゆがまない情報のやりとりが何よりも必要だ。どんなに行き交う情報の量が増えても、その受け取り方や発し方がゆがんでいたら、民主主義は「これが民意だ」と謳《うた》いながら、私たちを少しずつ間違った方向に連れて行ってしまうかもしれない。

つい最近まで、私たちは政治や社会の情報を得る時にはマスコミに頼るしかなかったし、自分の意見を直接社会に向かって表明する場などもってはいなかった。そんな時代があまりにも長かったので、まだ当時の癖《くせ》が抜けず、今でも大人たちはよく「マスコミはけしからん!」「あの政治家は何だ!」とただ怒っている。

確かに、そういう巨大な力をもったものに対して批判の目をもつことは大切ではあるけれど、そればかりでは何かが足りない。そう、《参加》が足りないのだ。舞台に上がれず、客席からぶつぶつ文句を言うことしかできなかった時代は、二〇世紀でもうオシマイ。今は文句があるなら、舞台に上がって自分が代案を探したり示したりすればいい。「舞台に上がる」というのは何も「発信する」という意味だけではない。受け身の受信をやめて、四つのギモンを駆使《くし》した〝積極的な受信〟をすることもまた、「舞台に上がる」ということだ。

参加せずに文句ばかり言っていると、結局一部のプロたちに情報発信はお任せということになってしまう。そうなると、「スピンドクター」が登場してくる。情報をある方向に仕向けて、そちらに世論を誘導《ゆうどう》する〝情報操作《そうさ》の達人〟のことだ。昔から、こういう達人たちはいたけれど、インターネットという増幅《ぞうふく》装置を得た今日では、その影響力は格段にパワーアップしている。これに操られないようにするためには、君のスマホにどんなアプリを入れてもダメ。君自身が踊《おど》らされない姿勢と能力を身につけて、民主主義を活気づけていくしかない。

情報キャッチボールで政治も変わる

情報キャッチボールによる民主主義の活性化は、おそらく政治の内側でも起こってくる。前にも触れた通り、私は以前二年ほど内閣広報室《ないかくこうほうしつ》という所で働いて、首相官邸《かんてい》や各省の大臣室などに出入りすることがあったが、そこでも、四つのギモンや四つのジモンの大切さは、痛いほど感じていた。

たとえば、こんなことがある。官僚が大臣室にやって来て、大臣に「先生、こういう政策の推進《すいしん》に、ゴーサインを下さい」などと、自分が「よい」と信じている政策の案を伝える。その政策がよいという理由を、いろいろなデータや情報を見せて、大臣に「レクチャー」するのだ。しかし、その官僚に悪気がなく心からよいと信じている政策だとしても、それが本当に国民にとって有益なものであるとは限らない。

官僚の人たちは、自分の専門分野について本当にたくさんの情報を持っている。一方、大臣のほとんどは政治家※だから、その分野だけでなくいろいろな国政のことを考えなければならない。当然、大臣側が官僚に比べて知識量でかなわないことはよくある。そんな時こそ、必要なのは《眼力》だ。レクチャーを受けた段階で「今すぐ承認のサインを！」と迫《せま》る官僚に対して、責任感ある大臣なら「まだわからないよね？」と判断を《いったん保留《ほりゅう》》し、官僚の説明の中から《事実と意見とを仕分《しわ》け》、《他の見え方》や《隠《かく》れているもの》がないか、別の人の意見や情報も求めて考えることが必要だ。

もし大臣が四つのギモンを身に付けておらず、説明をそのまま受け容《い》れてハンコを押してしまったら、国民の投票で選ばれた政治家であるはずの大臣が、官僚の言いなりになってしまいかねない。どんなに国のことを一生懸命《いっしょうけんめい》に考えている官僚だって、判断ミスということはありえるのだから、一方向からのレクチャーだけで何かを決定してしまうのは、危険だ。その政策が実行されてから思わぬ問題が発生して、「こんなはずでは……」ということになってしまうかもしれない。大甘だった原発安全規制のように。

レクチャーを受ける時だけではない。政治家は、いろんな情報を発することも日々している。そんな時、うっかり《明確さ》や《正確さ》、《優《やさ》しさ》や《易《やさ》しさ》に欠ける発言をしてしまったら、どうなるか。当然、政治家失格だ。せっかく優れた能力があるのに不本意な失言で社会の反発や誤解を招き退場していく政治家は、後を絶たない。本当にもったいないことだ。

政治家がきちんと**【四つのジモン】**を経た的確な発信をし、有権者がきちんと**【四つのギモン】**のフィルターを通してそれを受け取り、踊らされることなく自分で判断する。

――君たちが大人になったら、ぜひそんな政治の理想形を実現させよう。

これから日本でも世界でも、解決の難しい課題が今まで以上に出現して、衝突の火種がどんどん増えていきそうだ。それを、武器を使って暴力(戦争)で解決しようとするのか、情報を使って話し合い(政治)で解決しようとするのか。それを決めるのは、君たちだ。

※一部民間人もいるが、大臣の多くは国会議員から選ばれている。

全否定でも、全肯定でもなく

今までマスコミをただ鵜呑《うの》みにしていた人が「四つのギモン」の話を聞くと、いろいろな事例を知ってショックを受けて、こんな感想を持ってしまうことがある。

「マスコミは嘘つきだとわかったので、もうこれからは信じません」

これは、完全に行き過ぎた反応だ。最初から「相手は嘘つきだから、だまされないぞ」と全否定してかかる態度は、「相手の言うことはすべて正しいから、鵜呑みにしよう」という全肯定《ぜんこうてい》と、実は同じ態度の裏返しに過ぎない。全否定と全肯定は、双子のきょうだいみたいなものだ。

相手のすべてを信じきっていたからこそ、ちょっと違う現実が見えただけで、反動で「あいつは嘘つきだ」と逆の極端に走ってしまう。もし君の女友だちが大失恋を引きずって、「もう男なんか、誰も信じない！」といつまでも頑固《がんこ》になっていたら、君は何てアドバイスするかな。「男が皆、あいつみたいなわけじゃないよ」「男にだって、いろいろいるよ」と言ってあげるでしょう?

マスコミとの付き合い方だって、それと同じだ。情報操作に引っかからないぞ、と警《けい》戒《かい》しすぎて、すべての情報を「あやしい」「嘘に決まっている」と決めてかかることは、今の失恋女子と同じ。そこは四つのギモンで、上手に付き合おう。

――メディア・リテラシーは、「相手を嘘つきだと思え」という、暗い発想の勧《すす》めではない。**「思いこみの小さな窓枠を壊して、もっと広い景色を見よう!」**という、とても明るい発想なのだ。

まとめ

今年、人類は滅亡する？

さぁ、ここで話をこの本の一番最初の行に戻そう。あの話を、この本の最後の事例として、もう一度考えてみよう。

事例Z

「今年の12月に人類滅亡だって！」

ある晩、君のLINEに、仲良しのA君からいきなりこんなメッセージが飛び込んできた。青ざめた深刻そうな顔のスタンプが、絶望感をあおる。さぁ、君はどうする？

――もう、解説は要らないね。今や四つのギモンと四つのジモンを身に付けた君は、もはや慌ててこの情報を友だちや家族に流したりはしないでしょう。

「人類滅亡」の話が出たついでに、ここでちょっと「人類誕生」の頃のことを想像してみよう。原始時代、私たちの祖先はきっと身ぶり手ぶりなどで、相手に自分の意思を一生懸命伝えていた。そうやって、仲間から受け取った情報を別の仲間に届けるという、〈情報キャッチボール〉は始まった。

やがて、気が遠くなるほどの歳月を経て、人類はついに他の生き物が持っていない宝物——《言葉》を獲得した。そこから、「話す」「聞く」という、言葉の学習(今の学校では「国語」という教科)の第Ⅰ期が始まり、情報キャッチボールは格段に豊かになった。

それからまたたくさんの世代交代を重ねて、人類は《文字》を発明した。以来、「書く」「読む」という、言葉の学習第Ⅱ期がスタートし、情報キャッチボールはその時・その場にいない人との間でも、可能になった。

そして今。突然現れたインターネットという道具は、私たち一人一人の情報キャッチボール能力を、途方もなく高めた。今までの流れからすると当然ここで、「発信する」「受信する」という言葉の学習第Ⅲ期が始まるはずの、劇的な変わり方だ。けれど、今度の道具はあまりにも急速に広まりすぎて、第1章の初めの【問4】で見た通り、まだ使い方の勉強（メディア・リテラシー）が、全然追いついていない。いわば「自己流でご自由にお使い下さい」状態だ。

だから君も、いきなり「12月に人類滅亡」というLINEを受け取って、どうしたらいいのかわからなかったんだ。

そうしてオロオロしている間にも、インターネットは猛スピードで進化を止めない。メール、フェイスブック、LINEなどで飛び交う情報の量は、昨日より今日、今日より明日と、増えてゆく。

〈情報キャッチボール〉は、もはや呼吸と同じだ。息を吸って吐くように、情報を受信して発信する。呼吸不全を起こしたら、もうこの社会は立ち行かない。ちゃんと使える〝正しい息の吸い方・吐き方〟を、この本を何度も見直して、ぜひマスターしていこう。

あとがき

さて、四つのギモンと四つのジモン、今日から身に付けていく準備はできたかな？この本で取り上げたのは本当に基本的なことだけで、まさに「入門」までだけど、日常生活の中での情報キャッチボールは、これでずいぶん上手になると思うよ。君はもう、魔法使いならぬ〝情報使い〟初級合格だ。

もっと進級してみたい人は、ちょっと難しくなるけど『マスコミは何を伝えないか』（下村健一著、岩波書店）を読んでみて。「0次《ゼロ》情報」とか「雁行《がんこう》のメカニズム」とか「修《しゅう》復的報道《ふくてきほうどう》」とか、一見《マスコミ》の話として書いてあるけれど、実は《君》が発信をする時にも、きっと参考になるポイントだから。

……なんて偉《えら》そうに言っている私自身も、そして世の大人たちも、まだまだ情報キャッチボールで失敗を反省することは多い。小学校から大学までの訪問授業、企業や様々な団体での講演・社員研修など、これからもいろんな形で一〇代《から》の幅広い年齢の人たちと一緒に試行錯誤しながら、進化を続けていきたい。

実は、第2章の**四つのギモン**のエッセンスは、二〇一五年度からの小学五年生の国語教科書(光村図書)にも「想像力のスイッチを入れよう」という題名で掲載している。見本本の段階で各地の熱心な先生方が送って来て下さったその研究授業の報告は、この本の最終構成(ギモンの配置順など)を固める上で参考になった。中でも広島・国府《こくふ》小学校のみんな、感想文どうもありがとう! これからも各地の教育現場からの反応や質問を反映して、いつか日本中の一〇代との合作で続編が出せたらいいな!

——山のようなご支援で本書の骨格を作って下さった、東京学芸大学の中村純子《すみこ》先生と日本体育大学の奥泉香先生。出版実現に尽力して下さった岩波書店の田中宏幸さん。例によって執筆《しっぴつ》中家庭そっちのけになるダメな夫(父)に、逆に助言までしてくれた我がファミリー。皆の支えに、心からの感謝をこめて。

下村健一

二〇一五年三月三一日

下村健一

1960年生まれ．東京大学法学部政治コース卒業．1985年，TBS入社．報道アナ，現場リポーター，企画ディレクターとして活躍．2000年以降，フリーとして「筑紫哲也NEWS23」「みのもんたのサタデーずばッと」などで取材キャスターを続ける一方，市民グループや学生，子どもたちのメディア制作を支援する市民メディアアドバイザーとして活動．2010年10月〜2013年3月，内閣審議官(満了後は契約アドバイザー)として首相官邸の情報発信担当．

東京大学客員助教授，慶應義塾大学特別招聘教授，関西大学特任教授を経て，現在，白鷗大学特任教授．若手メディア人の研鑽の場「令和メディア研究所」主宰．JIMA(インターネットメディア協会)リテラシー部会担当．

著書に『想像力のスイッチを入れよう』(講談社)，『窓をひろげて考えよう』(絵本，かもがわ出版)，『首相官邸で働いて初めてわかったこと』(朝日新書)など．

2015年度から小学5年国語教科書(光村図書)に，本書に準拠した「想像力のスイッチを入れよう」を掲載．

【公式サイト】http://shimomuraken1.com/

10代からの情報キャッチボール入門
——使えるメディア・リテラシー

2015年4月24日　第1刷発行
2024年4月26日　第13刷発行

著　者　下村健一《しもむらけんいち》

発行者　坂本政謙

発行所　株式会社 岩波書店
〒101-8002 東京都千代田区一ツ橋2-5-5
電話案内 03-5210-4000
https://www.iwanami.co.jp/

印刷・精興社　製本・松岳社

ISBN 978-4-00-061041-4　Printed in Japan